Uma Silbey

El poder curativo de los cristales

Uma Silbey

El poder curativo de los cristales

Traducción de Delia Mateovich

ROBIN**B**OOK

Si usted desea que le mantengamos informado
de nuestras publicaciones, sólo tiene que remi-
tirnos su nombre y dirección, indicando qué te-
mas le interesan, y gustosamente complacere-
mos su petición.

Ediciones Robinbook
Información Bibliográfica
Aptdo. 94.085 - 08080 Barcelona

Título original: *The Complete Crystal Guidebook.*
© 1986, Uma Silbey.
   Original U. S. Publication 1986 by U-Read Publications,
   San Francisco, California, USA.
ISBN: 0-553-34499-4.
© 1996, Ediciones Robinbook, SL.
   Aptdo. 94.085 - 08080 Barcelona.
Diseño cubierta: Regina Richling.
ISBN: 84-7927-156-6.
Depósito legal: B-1.290-1996.
Impreso por Libergraf, Constitució, 19, 08014 Barcelona.

Impreso en España - *Printed in Spain*

Este libro está dedicado a mi marido, Ramana Das,
y a mi amiga Eileen Kaufman,
cuya ayuda y aliento han hecho posible su redacción.
También quiero recordar a todos los maestros y ancestros
que me han guiado en mi camino,
contribuyendo así indirectamente a este trabajo.

*Para ser consciente (del cristal)
preste atención
y sea absolutamente sincero consigo mismo.*

1. Información básica

Introducción

Existen muchas razones para desear trabajar con cristales de cuarzo. ¿Quiere hacer curaciones? ¿Quiere potenciar sus meditaciones, afirmaciones y/o pensamientos? Usted puede energizar su cuerpo y equilibrar sus energías. Puede desarrollar muchas aptitudes psíquicas, incluyendo la clarividencia, la clariaudiencia y el viaje en niveles astrales y mentales. Puede utilizar los cristales para cambiar muchas circunstancias no deseadas en su vida y crear otras nuevas. ¿Está interesado en alguna de estas cosas? Puede llegar a conocer guías y seres procedentes de dimensiones diferentes, y descubrir aptitudes para la percepción extrasensorial (PES). ¿Es éste su objetivo?

Al comienzo, la mayoría de las personas que empiezan a trabajar con cristales tienen en mente uno o más de los objetivos mencionados, por lo que en este libro nos ocuparemos de todos ellos. No obstante, cuando se comienza a trabajar con cristales empieza a suceder algo curioso. Se comienza a ser consciente de una energía, fuerza o «potencial» más elevado que uno mismo. Se comienza a ser consciente de ello y es posible empezar a interactuar con algo muy poderoso y maravilloso. Algunos lo llaman Espíritu, Orden Superior o Dios. Sea cual sea el nombre que se le dé, es universal y trasciende a nuestro yo limitado. Descubrimos que comenzamos a experimentar un potencial ilimitado que fluye a través de nosotros, mientras empiezan a desaparecer los límites, las restricciones y las ideas autoimpuestas acerca de quiénes y qué somos. Cuando nos abrimos a este potencial, comienzan a fluir a través de nosotros energía, clarividencia, amor, creatividad, satisfacción y sabiduría ilimitados. Empezamos a basarnos en la satisfacción de lo que algunos llaman el Yo Verdadero, una sensación de quiénes y qué somos nosotros y el universo, que desafía a la identificación precisa y a la

9

definición. En realidad, cuanto más tratamos de describir lo que sentimos y aquello con lo que estamos en contacto, más oscuro se vuelve.

¿Esto suena a algo fantástico, a la ilusión de una imaginación hiperactiva? Si usted no ha tenido ninguna experiencia al respecto, tal vez le parezca que es así. Este libro le señalará un camino, brindándole ejercicios y prácticas detalladas con los cristales que le permitirán acceder a esta experiencia, además de permitirle realizar con ellos el trabajo más tradicional. Estará facultado para aprovechar la sabiduría, el conocimiento inagotable y la paz que fluye dentro de usted, en espera de ser descubierta y utilizada. En el proceso de la realización del trabajo con cristales que se describe en estas páginas, comprobará que este desarrollo no sólo se efectúa de manera automática, sino que las aptitudes para usar los cristales del modo que se le ocurra también llegarán a estar a su disposición en forma natural.

Gran parte del trabajo con cristales que se enseña en la actualidad está en el nivel de «trucos» que pueden realizarse con las piedras, sin tener en cuenta ninguna información de carácter más general que se requiere para trabajar con mayor eficacia. Este enfoque superficial es sumamente limitado: usted estaría restringido al trabajo que podría hacer y al cabo de un tiempo llegaría a sentirse insatisfecho.

¿Qué cosas debe saber? Puesto que cuando trabaja con el cristal de cuarzo utiliza energía sutil o vibraciones, debe conocer los sistemas de energía como un todo, tanto dentro del cuerpo como en el entorno que le rodea. Por ejemplo, la energía kundalini suele despertarse cuando se comienza a trabajar con cristales. Tendrá que saber cómo canalizar esta energía en usted, cómo utilizar las energías y poderes desencadenados, y aprender a crear esto en otros. En el cuerpo hay sistemas de chakras o matrices de energía que se activan cuando una persona trabaja con cristales, y que pueden activarse en aquellos con quienes se trabaja. Puesto que el trabajo que realice se desarrollará en niveles sutiles, tendrá que informarse acerca de los niveles astrales y mentales, y de cómo trabajar con ellos. Estos niveles se hallan implicados, se sea o no consciente de ellos. Cuanto más consciente se llegue a ser, mayor será la eficacia del trabajo. Puesto que mientras trabaja comienza a atraer tremendas fuerzas de energía a través de su cuerpo, debe aprender a desarrollar y mantener la fuerza del sistema nervioso, y a mantener el vigor y la salud de su cuerpo físico.

En resumen, tendrá que expandir su conciencia más allá de su cuerpo físico, más allá del entorno y de otros reinos. Este libro no sólo brindará información intelectual, sino también métodos concretos para experimentar y llegar a ser sensible respecto de aquello de lo que se habla. Usted obtendrá conocimiento a partir de su propia experiencia, pues en realidad no se conoce nada hasta haberlo experimentado.

El trabajo con cristales se interesa por trascender nuestro yo y nuestro ego limitados. En el proceso, llegamos a dominarlo y dejamos de ser meros divulgadores. El trabajo con cristal de cuarzo es una combinación de la mente, de la voluntad, del cristal, y del espíritu conductor y facultador. Para trabajar con eficacia es necesario hallarse en un estado de entrega, convirtiéndose en un canal a través del cual la fuerza creativa o espíritu puede realizar su trabajo. Usted es simplemente el vehículo. Llega a ser un tubo hueco a través del cual este espíritu puede fluir sin los impedimentos de la duda, del ego, del exceso de intelectualidad, del miedo, de la debilidad física, del orgullo o de la mente confusa. Para llegar a ser ese canal, debe aprender a centrarse, a saber cómo es ese estado. Tiene que desarrollar una mente serena, centrada.

En el libro se incluirán ejercicios que permiten que estas cualidades se desarrollen dentro de usted. También se indicarán ejercicios para ayudarle a desarrollar sensibilidad ante las energías sutiles y las vibraciones del cristal, del cuerpo, del entorno. Y cuando se aborden los obstáculos comunes se ofrecerá información para superarlos. Este trabajo requiere algún esfuerzo de su parte y cierta dosis de fe en que vale la pena hacerlo. Se requiere sinceridad. La mayoría de la gente busca una «salida», o una «entrada». La razón más común para que eso no funcione es olvidar ese contacto inicial con la fuerza superior a usted, el olvido del profundo anhelo interior de conectar con ella. La mayoría de la gente busca resultados rápidos y espectaculares, o panaceas fáciles. Aunque experimentará resultados de inmediato, es importante que siga trabajando, pues aún queda mucho por llegar. Puede experimentar cambios profundos, de larga duración, permanentes, tanto dentro de usted como en su habilidad con los cristales. Es necesario estar dispuesto a aceptar una determinada cantidad de disciplina y responsabilidad.

Mientras continúa trabajando con los ejercicios y practica con sus cristales, se producirán tanto cambios evidentes como sutiles. Su cuerpo puede sufrir ciertos cambios, volviéndose más sensible en ciertos modos. Puede experimentar una separación del yo físico y psíquico, y desarrollar la capacidad de usar uno u otro. Puede desarrollar la aptitud de separarse de su mente y de sus emociones, de modo que estén a su servicio pero no le controlen. La energía psíquica llegará a estar profundamente integrada y utilizada en su vida cotidiana. Lo que antes parecía milagroso, llegará a ser algo común. Verá que todos los milagros actúan de acuerdo con leyes comunes y entenderá su funcionamiento. Se le abrirá un flujo ilimitado de energía creativa, que podrá dirigir como desee. Comprobará que se abre en usted un amor inmenso que no es sentimentalismo, sino más bien un entendimiento profundo de los demás y una gran compasión por ellos. Encontrará que dentro de usted se abre un intenso deseo de servir y descubrirá cómo hacerlo. A medida que avance, llegará a ser intrépido y a sentirse satisfecho. Será capaz de compartir su felicidad con los demás.

Muéstrese dispuesto a traspasar las barreras que podrían llegar a ser impedimentos para su avance. ¿Cuáles son algunas de esas barreras? La duda, la impaciencia, el exceso de imaginación o la imaginación anhelante, el sentimentalismo confundido con «experiencia mística», las ideas y conceptos rígidos, el intelectualismo, la inconstancia en la práctica de los ejercicios, la necesidad de tener razón, la negatividad y la depresión, el desaliento, la necesidad de reconocimiento y el escapismo. Aunque podría hacer frente a éstas y otras pruebas, debe saber una cosa: Nunca será puesto a prueba más allá de sus fuerzas, aunque en el momento pueda parecer que es así. Siga avanzando, paso a paso. En su vida puede cambiar todo. Pueden cambiar sus amigos. Puede cambiar su trabajo. Esté preparado para ello; le esperan cosas mejores. No abandone: está siendo guiado. Tenga valor y confíe en la verdad.

Hay muchos sistemas de trabajo con cristales; probablemente, tantos como personas que trabajan con ellos. Es probable que todos sean válidos. La cuestión es probarlos y comprobar sus resultados en el universo físico. Sea sincero y vea qué es lo que funciona *en su caso*. No hay métodos correctos o incorrectos, sólo métodos que funcionan. Teniendo presente esto, en este libro no se presenta ningún sistema, sino varios sistemas. También se indican los métodos por los cuales se aprende a desarrollar confianza en el guía interior, por lo que no tendrá que depender de ningún sistema. Puede ser espontáneo y hacer lo que cada situación y cada momento requiera. Someta a prueba a los métodos que ponga en práctica durante un tiempo adecuado. Para algunas personas ciertas técnicas funcionarán de inmediato, mientras para otras requerirán un par de semanas, un mes, seis meses o más tiempo. Déles tiempo para que funcionen. En este libro se sugerirán períodos de prueba óptimos. Utilice su intuición, o la voz interior, para comprobar lo que es adecuado en su caso o el método a utilizar en una situación determinada. Si al principio no oye esa voz interior, se sugerirán métodos que desarrollen su «oído» y le muestran para qué escuchar y cómo estar lo bastante callado para oír. *Confíe en usted*.

Por último, recuerde que el cristal es sólo una herramienta, poderosa por cierto, pero nada más que una herramienta. Como ocurre con cualquier herramienta, puede hacerse lo mismo sin ella, pero ayuda a facilitar las cosas. El cristal no es un dios; le ayuda a realizar un trabajo determinado. Después de algún tiempo de trabajar con los cristales, quizá descubra que puede hacer cosas sin ellos de manera eficaz. No tenga miedo de liberarse. Deje a un lado los cristales, admírelos por su belleza y ríndales honor por el trabajo que le ayudaron a hacer, y siga adelante. Los cristales no son Dioses: usted lo es. Usted es el creador en su propio universo.

*Siga su propio camino,
lo cual no quiere decir que no escuche y
aprenda de las experiencias de los demás...*

Terminología y ejercicios

Los términos energía y vibración que se utilizan en este libro se proponen explicar una experiencia particular. No se emplean necesariamente como se haría en un sentido científico clásico. Sin embargo, los científicos y los paramédicos (incluyendo los trabajadores con cristales) emplean palabras diferentes para explicar el fenómeno idéntico.

Si se siente confundido por la gran cantidad de ejercicios diferentes que se incluyen en este libro y se pregunta cuántos días harán falta para hacerlos y en qué orden, aquí se incluye una guía. Como método práctico, el orden de aparición en el libro es la secuencia en la cual deben hacerse los ejercicios. Hágalos de uno a la vez hasta que comience a experimentar su efecto pleno. Esto desarrollará en usted la capacidad de distinguir entre los diferentes canales de energía que fluyen a través de su cuerpo. Los ejercicios para desarrollar los chakras deberían realizarse en el orden en el que se presentan. Mientras los realiza, al mismo tiempo puede efectuar los ejercicios kundalini. Una vez que haya realizado los ejercicios incluidos en el libro, puede repetirlos en cualquier momento que lo desee y en cualquier orden. Utilícelos cuando considere que los necesita. Comience trabajando con los cristales desde el principio y observe cómo mejora su eficacia mientras realiza cada ejercicio para desarrollarse y sensibilizarse.

Descripción física

Los cristales de cuarzo natural, a menudo mencionados en la tradición antigua como «venas de la tierra», agua congelada o luz congelada, se formaron naturalmente a partir de los elementos silicio y agua mediante un largo proceso que implica calor y presión. Están enterrados en la tierra, en general donde la roca es de piedra arenisca, o a veces en cauces adonde han llegado desde terrenos más elevados después de haber sido desalojados. Suelen encontrarse cerca del oro. Variedades de cristal de cuarzo, a veces llamado cristal de roca, se encuentran en todo el mundo. En la actualidad, la mayor cantidad de cristales magníficos se extrae en Arkansas, en Herkimer, en el estado de Nueva York, en México y en Brasil.

Su formación natural presenta seis lados o caras con un punto en un extremo, o a veces en dos extremos. Un cristal con un

14

punto en un extremo recibe el nombre de cristal uniterminado o de una punta. Un cristal con un punto en ambos extremos recibe el nombre de cristal biterminado o de dos puntas. Se encuentran en racimos de cristales unidos entre sí en todas direcciones, o como cristales individuales que se han desprendido de los racimos.

Las piedras de cristal de cuarzo son transparentes y coloreadas. Cada color tiene su propia frecuencia de vibración inherente a él, y se le atribuyen diferentes características y poderes. El cristal más ampliamente utilizado es el cuarzo transparente. También se incluyen en la familia de los cristales de cuarzo la amatista, que es de color púrpura; el cuarzo azul; el cuarzo rosa; el cuarzo citrino, que varía desde el amarillo pálido hasta el marrón oscuro, pasando por el naranja fuerte; el cuarzo verde; el cuarzo rutilado, que guarda dentro de sí estupendas fibras de oro o cobre coloreado; y el cuarzo con bastoncillos de turmalina negros, azules o verdes en su interior. Cada uno tiene su propia utilidad particular y de ello hablaremos a lo largo de este libro.

La energía, bajo la forma de vibración, se proyecta desde cada cristal para formar un campo a su alrededor. Esto suele mencionarse como el poder del cristal. La dimensión del campo proyectado varía con cada cristal. En general, un cristal pequeño de un tamaño aproximado de 1,25 centímetros proyectará un campo de unos noventa centímetros. Así, puede verse que hasta los cristales pequeños son capaces de ser muy poderosos. A menudo, aunque no necesariamente, los cristales de mayor tamaño proyectan un campo de mayor dimensión que los cristales pequeños. No obstante, el tamaño del cristal no siempre es el factor determinante en el tamaño de la proyección. La transparencia y el brillo de un cristal suelen ser más importantes para determinar su poder que el tamaño. En general, un cristal de mayor tamaño puede canalizar y almacenar en su interior más energía. Como explicaremos más adelante, los cristales pueden colocarse en formaciones determinadas para aumentar inmensamente el campo de energía proyectado.

Cada cristal de cuarzo contiene una línea de dirección a lo largo de la cual fluye la energía cuando se transmite a través de él. El flujo de energía entra por la parte inferior y asciende hasta la parte superior, de donde sale a través del punto. Si el cristal de cuarzo tiene un punto en cada extremo, la energía entra y circula en ambas direcciones, como en una batería. Cuando transforma la energía, se expande y se contrae ligeramente a velocidades diferentes, de acuerdo con la frecuencia de vibración de la influencia a la que está expuesto. (Esta oscilación es lo que hace que el cristal sea tan esencial en la difusión de radio y televisión.)

Existen muchos métodos para aumentar el poder del cristal o para cargarlo de energía. Al cargar un cristal, puede verse como éste cobra vida. Exponga sus cristales a la luz del sol. El agua en movimiento sirve para cargar un cristal, por lo que puede exponerlo al embate de las olas del mar, colocarlo bajo una cascada de agua o depositarlo en el lecho de un arroyo. Incluso el agua fría del grifo puede cargarlo ligeramente. Una ráfaga de viento puede cargar un cristal. Básicamente, todo lo que nos hace sentir más vivos, o más plenos de energía, energizará también al cristal. Puede cargarse el cristal con determinados tipos de influencias, que no sólo aumentarán su poder, sino que permitirán que la energía almacenada pueda utilizarse más adelante en el trabajo que quiera hacerse. Por ejemplo, entierre sus cristales durante un período de tiempo determinado. Eso los cargará con la fuerza cimentadora y nutridora de la energía de la tierra. Llévelos a la playa y entiérrelos parcialmente en la arena a fin de que reciban la energía de la tierra, la energía del viento del mar y del sol. Deje sus cristales a la intemperie toda una noche para que se carguen con la energía femenina de la luna, de las estrellas y de la suave oscuridad de la noche. Vea qué energías le gustaría utilizar en su trabajo y cargue sus cristales con ellas. Suele ser una buena idea cargar cada cristal con un solo tipo de energía y mantenerlos envueltos hasta que quiera utilizarlos.

Si realmente quiere conocer los cristales,
vaya a conocer una roca...
Diríjase hasta un acantilado rocoso y
frote su cuerpo contra él...
Medite sobre la roca y en la roca.

Elección y conservación adecuada del cristal de cuarzo

Ahora que sabe algo acerca de las propiedades físicas del cristal de cuarzo, ¿cómo procede a elegir uno para usted? Como se dijo anteriormente, tenga en cuenta el tamaño, la transparencia y el brillo del cristal. Busque también dentro del cristal cosas como arañas o jirones de nubes ligeramente opacos. Fracturas internas, a veces con efectos de prisma de colores, pueden formar paisajes en miniatura o entradas que le atraen hacia el interior del cristal. Estas fracturas reciben el nombre de inclusiones. Busque cualquier formación causada por bastoncillos de turmalina, o filamentos de oro o minerales de cobre que tengan significado para usted. Los arcos iris pueden energizar el cristal con sus colores y su naturaleza etérea. Algunos cristales parecen más densos, algunos más etéreos, dando la impresión de atraerle hacia el cielo. Busque cristales fantasma que están llenos de innumerables pirámides si quiere utilizarlos para enviar mensajes o como una influencia egipcia. (¡Estos cristales son raros!) ¿Cómo siente el cristal? ¿Parece irradiar calor o frescura reconfortante? ¿O prefiere un cristal perfectamente cristalino, por puro entretenimiento? Todas éstas son cosas que añaden valor y significado a su cristal. La mayoría de los sistemas de la tradición lapidaria enseña que la punta del cristal debería estar completa, no astillada, resquebrajada o rota. Se dice que esto disminuye o interrumpe el flujo de energía. Esto suele ser cierto. No obstante, a veces un cristal es muy poderoso, a pesar de tener la punta astillada.

A veces los cristales han sido cortados y pulidos en tamaños y formas particulares, que proyectan campos o flujos de energía específicos para esas formas. Ejemplos de esto son las bolas de cristal, cuya forma redonda determina un correspondiente campo de energía circular que parece atraer fácilmente a la persona hacia su centro. Otros ejemplos son la cruz de cristal y la pirámide de cristal. Algunos cristales están pulidos en una o más caras, pero las demás quedan ásperas, creando cristales interesantes de contemplar a causa de los intrincados paisajes que guardan en su interior. No obstante, observe si el trabajo de pulido sobre el cristal fue hecho de manera consciente, dejando intacto el flujo de energía. A veces el flujo de energía corta camino o toma un atajo, dejando un cristal seriamente debilitado. El trabajo de pulido de cristales debería dejar intacta la integridad de la piedra, realzando su poder, en lugar de disminuirlo. ¿Quiere un cristal para llevar con usted? Si es así, debe buscar uno que se adapte bien a su mano. A algunos se les da forma para que encajen en la mano con ese propósito específico. A otros se les da forma deliberadamente para utilizarlos como herramientas de masaje.

¿Cómo va a utilizar su cristal? Las personas que se proponen realizar trabajo astral o con sueños prefieren una piedra de dos puntas, o un cristal de diamante particularmente brillante, multifacético y biterminado, que sólo se encuentra en los alrededores de Herkimer, en el estado de Nueva York. (El trabajo astral y con sueños se tratará más adelante en este libro.) Si quiere encauzar la energía en una dirección con su piedra, escoja una vara de cristal, o un cristal uniterminado. Los racimos de cristal son buenos para energizar una habitación o el entorno en derredor de uno. Finalmente, sienta la energía del cristal para comprobar su fuerza.

En última instancia, éste es el factor determinante. ¿Qué cristal parece atraerle hacia él? ¿Cuál le parece casi irresistible? Elija aquel que sienta *intuitivamente* que es el adecuado en su caso. ¡La mayoría de las veces es el que miró en primer término!

Después de haber elegido su cristal, ¿cuál es el mejor modo de guardarlo? Cuando no los utilice, debería guardar sus cristales envueltos en una tela de fibra natural. La mayoría de la gente prefiere el algodón, la seda o el cuero. Sea consciente del color de la tela con que lo envuelve, porque influirá sobre el cristal. ¿Qué color considera que es el mejor para usted cuando sostiene el cristal en la mano? Éste suele ser el color que querrá usar. Tal vez quiera guardar su cristal envuelto o sin envolver sobre un altar, o en algún lugar sagrado o especial que usted ha preparado. Esa influencia de pureza y luz estará presente en su cristal. Estará protegido contra la intrusión. Tal vez quiera incluir algo con el cristal que tenga un significado o un poder especial para usted. Esto influirá en el cristal con su energía. En general, un cristal reservado para un uso específico no debería ser tocado por otras personas, ni tampoco ser expuesto a ninguna otra influencia que pueda interferir con su función especial.

Tal vez quiera dejar expuestos algunos cristales para que todos compartan su belleza y su resplandor singulares.

Cómo trabajar con cristales de cuarzo

Los médicos modernos han afirmado que la forma física consiste, en esencia, no en materia sino en energía, y que la naturaleza del material físico es intrínsecamente dinámica, en proceso. En otras palabras, todo lo que existe es una manifestación externa de una forma de energía, una frecuencia de vibración. Además, todo existe en una relación dinámica de causa y efecto con todo lo demás. Nada existe en un vacío. Por consiguiente, un cambio en la frecuencia o modalidad de vibración de una forma particular en un lugar genera un cambio correspondiente en las vibraciones de otras formas en otros lugares relacionados, que afectan a otras formas, que a su vez afectan a más formas, etc. Este mecanismo simple de causa y efecto es análogo al ejemplo de una piedra arrojada a un estanque tranquilo, que produce ondas de agua que van extendiéndose hasta convertirse en círculos concéntricos en torno al impulso original.

Cuando trabajamos con cristales de cuarzo se aplica el mismo principio. De algún modo, generamos cambios o manipulamos las vibraciones en un nivel sutil, no físico, hasta afectar finalmente las vibraciones relacionadas en un nivel físico. Trabajamos en un nivel sutil para que el efecto se manifieste físicamente. Estamos en condiciones de emplear cristales de cuarzo para hacer esto, porque tienen frecuencias de vibración elevadas y exactas que pueden manipularse precisamente debido a la tendencia del cristal a resonar en armonía con cualquier vibración con la que entre en contacto. Sabiendo que el cristal tiende a armonizar su frecuencia vibracional con otro, ¿cómo utilizamos esa propiedad para permitir que el cristal se amplifique, se almacene, se transforme, se transmute, y hacer que la vibración se centre para generar los cambios que van asociados al trabajo del cristal? El cristal de cuarzo armonizará automáticamente y recreará la vibración de cualquier objeto junto al que se coloca en una proximidad física directa y/o pueda orientarse para hacer esto mediante el uso de nuestra intención consciente. Para orientar la actividad del cristal con nuestra intención, utilizamos nuestro conocimiento natural para generar dentro de nosotros mismos una serie particular de vibraciones. Entonces interactuamos con el cristal para permitirle armonizar y resonar con esa serie de vibraciones recientemente generada en nosotros. Luego podemos orientar esa resonancia del cristal con el uso de nuestra intención centrada o de nuestra voluntad para interactuar con cualquier otro campo vibracional de nuestra elección, sin las limitaciones normales impuestas por el tiempo y el espacio. Si no se encuentra ninguna resistencia en el campo vibracional elegido, ello hará que vibre en armonía con las vibraciones del cristal que son más fuertes, estando altamente cargado con nuestra intención.

En otras palabras, establecemos en el cristal una determinada corriente de energía. La onda que lleva o transmite esa corriente es la intención. Cuanto más centrada sea la intención, más facultada estará la onda para viajar y efectuar más cambios. Así, con el uso del cristal hemos generado un cambio en un campo vibracional que se manifiesta físicamente en el modo deseado. (En los siguientes capítulos se ofrecerán más detalles de este procedimiento.)

El cristal hará algunas cosas de manera automática. Sólo por estar próximo al cristal, el cuerpo y/o el ambiente se sentirá energizado debido a su tendencia automática a aumentar las frecuencias vibratorias inferiores hasta su propio nivel elevado. Asimismo, genera iones negativos para crear a su alrededor la sensación de una atmósfera renovadora, armoniosa, que exalta el ánimo. Cualquier frecuencia vibratoria particular que haya influido sobre el cristal se reflejará pronto en su entorno. Sin embargo, la mayoría de las veces en el trabajo del cristal la intención del usuario es sumamente importante.

Puesto que toda manifestación de existencia es esencialmente vibración, como los chamanes, los sacerdotes, los místicos y los sanadores han sabido durante siglos, los cristales de cuarzo pueden utilizarse para modificar pensamientos, emociones, nuestros cuerpos y otras formas físicas. Las emociones negativas pueden transformarse en positivas. Los estados de disonancia pueden convertirse en armonía. Nuestros cuerpos pueden ser energizados o curados. Los pensamientos pueden ampliarse, acrecentando el poder de afirmación, la concentración, la meditación, la intención y la visualización. En lugar de estrés podemos generar serenidad. Los usos y beneficios de los cristales de cuarzo se extienden tanto como los límites de nuestra visión.

Usted es su propio laboratorio...
y su propio científico

Centrarse y conectarse con la tierra

Antes de comenzar cualquier trabajo con cristales tiene que centrarse y tomar contacto con la tierra. ¿Qué quiere decir esto?

Estar centrado se refiere a ese estado de existencia en el cual es simplemente usted mismo. Más que juzgarse por ser esto o aquello, por lo que es o quién es, sólo tiene la sensación de estar aquí y ahora. (Esta sensación de estar aquí y ahora no es un pensamiento, sino una experiencia separada del pensamiento.) Cuando usted está centrado, tiene la sensación de estar concentrado hacia su centro más que de estar disperso. (Por consiguiente, se utiliza el término «centrado».) Este centro parece localizarse en torno al corazón o el ombligo, y a veces en medio de ambos. Sin embargo, en la realidad su centro no tiene ninguna localización particular. Se siente como un estado de receptividad serena. En la medida en que esté centrado, su voz intuitiva, su voluntad, sus centros de energía y su conciencia más elevados llegarán a estar a su disposición. Sólo puede orientarse hacia algo y concentrarse cuando está centrado. Tiene más energía cuando está centrado. Estos atributos previos son necesarios para que el trabajo con cristales sea efectivo. A lo largo del libro aparecen muchas referencias a estar centrado. También se incluyen ejercicios que debe realizar para centrarse. Una buena práctica es centrarse automáticamente antes de cada método u otro ejercicio de cristal, sea sugerido o no. Aunque las prácticas para despejar la mente, desarrollar la concentración, trabajar con emociones y fortalecer la voluntad también le ayudarán a centrarse, la siguiente es una técnica específica a utilizar:

Ejercicios para centrarse

Siéntese con la columna vertebral recta, del modo que le resulte cómodo: en el suelo con las piernas cruzadas, de rodillas apoyando el peso del cuerpo sobre los talones o en una silla de respaldo recto. Cierre los ojos. Dirija la atención hacia el centro del pecho. A continuación, comience a realizar respiraciones profundas y prolongadas por la nariz. Llene los pulmones, contenga la respiración por un segundo o dos y luego deje salir el aire, vaciando los pulmones por completo. Al hacer esto, llena su cuerpo con fuerza vital y adapta los ritmos corporales. Haga respiraciones profundas y prolongadas. Continúe respirando de este modo hasta estar centrado: en general se requieren de tres a diez minutos.

Otro método para centrarse emplea el sonido, que funciona muy rápidamente. Existen muchos modos de trabajar con el sonido. Éste es uno que puede utilizar: haga algunas respiraciones profundas y prolongadas, y cierre los ojos. Haga sonar una campanilla o un gong con un sonido sostenido y penetrante. Relájese y concéntrese en el sonido mientras lo produce continuamente. Deje que ese sonido lo lleve a un estado centrado y sereno.

Cuando se prepara para realizar algún trabajo con cristal, el paso siguiente después de centrarse consiste en tomar contacto con la tierra. La acción de tomar contacto con la tierra genera un vínculo y una conexión seguros con ésta. Permite que el flujo de energía procedente de la tierra entre a través de la planta de sus pies y suba por su cuerpo. Luego, este flujo de energía puede unirse al que procede del cielo, entrando por la coronilla y descendiendo por el cuerpo. La combinación de las energías procedentes del «cielo» y de la «tierra» genera el equilibrio adecuado para realizar el trabajo con cristales. La información sutil que usted es capaz de conocer y experimentar mientras sucede esto puede manifestarse y utilizarse con el cristal. Esto no puede suceder si usted no está conectado con la tierra. Si no se halla en contacto con la tierra, se siente «atontado», nervioso y/o hiperactivo, y suele ser menos eficaz en su vida cotidiana.

Existen muchos métodos para conectar con la tierra. Usar o llevar con usted cristales de cuarzo ahumado ayudará. La pirita de hierro es muy buena para esto. Cualquier piedra de color, como la ágata o el jaspe, servirá para conectarle con la tierra. Los cristales y/o piedras que conectan con la tierra usadas como ajorcas tendrán un fuerte efecto en este sentido. Otro modo de lograrlo es abrir los puntos del meridiano de energía en el centro de las plantas de los pies. Imagine que de las plantas de sus pies crecen raíces que se adentran en la tierra mientras camina descalzo sobre ella. Pruebe la siguiente técnica:

CONECTARSE CON LA TIERRA

1. Siéntese con la columna vertebral recta y céntrese. Cierre los ojos.
2. Imagine una cuerda dorada de luz que sale del extremo inferior de su columna vertebral y desciende hacia la tierra. Si usted está dentro, imagine a la cuerda de luz atravesando el suelo o suelos y penetrando luego en la tierra.
3. Use la respiración si lo desea. Cada vez que espira envía hacia el centro de la tierra cantidades crecientes de energía en forma de una cuerda dorada.
4. Quizá se sienta más pesado o como si su cuerpo se hubiese expandido. Podría sentir un hormigueo en la parte inferior de la columna vertebral.
5. Si siente alguna tensión o rigidez, imagine que elimina estos bloqueos al espirar. Luego gire lentamente el cuello y flexione suavemente cualquier otra parte de su cuerpo que parezca estar tensa.
6. Continúe este ejercicio durante tres minutos hasta que se sienta conectado con la tierra.

Limpieza y programación del cristal

Los cristales de cuarzo almacenan vibraciones que pueden provenir de fuentes tan variadas como el sonido, la luz, el tacto, las emociones, el pensamiento o el entorno físico que los rodea. A su vez, estas vibraciones pueden afectar a quienes entran en contacto con el cristal. (Este proceso se ha explicado con más detalles en párrafos anteriores.) Por consiguiente, la primera vez que reciba un cristal, antes de comenzar a trabajar con él, antes e inmediatamente después de utilizarlo para el trabajo de curación, o cuando ha entrado en él alguna influencia no deseada, así como toda vez que parezca apagado o carente de vitalidad, tendrá que eliminar la energía fijada y almacenada en el cristal. Esta eliminación de vibración almacenada recibe el nombre de *limpieza del cristal.*

Pueden utilizarse muchos métodos eficaces para limpiar cristales. A continuación se indican algunos que puede probar. Pruébelos y use el método que funcione mejor en su caso.

Método del sahumerio

Éste es un método americano nativo que resulta eficaz para limpiarse uno, limpiar a los demás y a la habitación en que se está, así como a los cristales y a otras piedras.

En primer lugar, en un recipiente que sea resistente al calor, ponga salvia, cedro o una hierba especial. Si lo desea, puede utilizar una oreja de mar o cualquier otro recipiente de concha marina, o un quemador de incienso. Encienda la hierba contenida en el recipiente, abanicándola o soplándola hasta que el fuego se avive y despida mucho humo. Entonces pase su(s) cristal(es) por el fuego, o abanique o sople el humo sobre el cristal, con la intención de limpiarlo. Continúe hasta que el cristal se vea o parezca más limpio. Cuando seleccione la salvia o el cedro que va a quemar, busque árboles de cedro y matas de salvia que crezcan en estado silvestre y recoja ramitas pequeñas. Póngalas a secar antes de quemarlas. Pueden emplearse hojas, pero no arden con tanta facilidad como las ramitas. Por supuesto, asegúrese de no elegir ramas que ardan formando grandes llamas que podrían causar daño. La salvia que se vende en la tienda de especias sólo puede utilizarse con carbón y es difícil trabajar con ella. Use las hojas del cedro más que sus astillas. También puede utilizarse un tipo particular de hierba silvestre que crece en muchas zonas del campo. No es la hierba que crece en su jardín.

Si no puede encontrar salvia, cedro o este tipo especial de hierba silvestre, emplee incienso de madera de sándalo. Si tampoco puede encontrar incienso de madera de sándalo, utilice otro de su preferencia. Si procede a limpiarse usted o a limpiar a otra persona, abanique o sople el humo por todo el cuerpo, desde la cabeza hasta los pies. Abanique el humo por toda la habitación para limpiarla.

Método de la respiración

Este método funciona mejor con cristales individuales que con racimos. Si va a limpiar muchos cristales al mismo tiempo, el fuego deberá tardar más tiempo en reducirse a cenizas que en humear. En primer lugar, coja el cristal con la mano izquierda colocando la punta hacia arriba. Sosténgalo con el pulgar en la parte

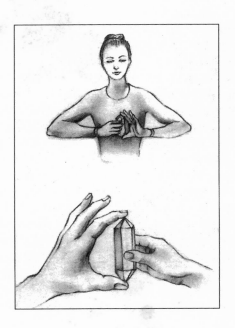

inferior y el índice en la punta. Manténgalo a unos quince centímetros del centro del pecho. A continuación, coloque el pulgar derecho sobre cualquier cara del cristal. Mientras hace esto, ponga el dedo índice de la mano derecha sobre la cara opuesta a la del pulgar derecho. (Véase ilustración.) Céntrese en el cristal con la intención de limpiarlo. Mientras hace esto, aspire por la nariz y espire con energía por la boca en dirección al cristal. Es como si la respiración llevase su intención. Después de hacer eso, ponga el pulgar derecho sobre el lado contiguo al cubierto anteriormente. Nuevamente, coloque el índice de la mano derecha sobre la cara opuesta. Aspire y espire con energía hacia el cristal, con la intención de limpiarlo. Finalmente, desplace el pulgar y el índice de la mano derecha hacia las dos caras restantes. Una vez más, aspire y espire hacia el cristal. Ahora el cristal está limpio.

Método de la sal y del agua salada

Coloque su(s) cristal(es) en sal marina durante un período de uno a siete días. Sumerja parcialmente los cristales en la sal o entiérrelos por completo. (Puede comprar sal marina en cualquier tienda de productos naturales.) Sáquelos de la sal cuando física o intuitivamente parezcan más limpios. Cambie la sal al menos una vez al mes. Si elige utilizar el método del agua salada, puede poner sus piedras en un recipiente de vidrio conteniendo agua y sal marina. Luego deje el recipiente en un lugar en que reciba la luz del sol durante uno a siete días. Utilice unas tres cucharadas soperas de sal para una taza de agua. Use agua suficiente para que cubra por completo las piedras. Ambos métodos se basan en el principio de que los cristales de sal más pequeños atraerán lo que se halla almacenado dentro del cristal grande. Cuando haya terminado de limpiar los cristales, tire el agua. (No la beba ni la tire en la tierra de su planta favorita.)

Otros métodos

Los cristales también pueden limpiarse utilizando una cinta desmagnetizadora. Deslice la cinta a lo largo de sus piedras. Es posible emplear la *visualización* para limpiar los cristales. Sin embargo, este método no es tan fiablemente eficaz como los precedentes. Si su concentración o intención pierde fuerza o se desvía, las piedras no se limpiarán por completo. Si elige utilizar un método de visualización, se propone limpiar el(los) cristal(es) mientras visualiza una luz dorada procedente de los rayos del sol que entran por la punta y salen por la parte inferior. Esta luz dorada expulsa toda la negatividad gris desde la parte inferior del cristal hacia la tierra, donde es transmutada. Esto deja a su cristal resplandeciente y despejado.

Ahora que su cristal está despejado puede comenzar a trabajar con él. El resto de este libro describe el proceso y los métodos exactos mediante los cuales puede hacer uso de su voluntad, de su mente y de sus emociones para incidir sobre las vibraciones en el(los) cristal(es) a fin de generar cambios adecuados en cuerpos sutiles, además de físicos. Los cambios en vibración que usted causó en un cristal pueden utilizarse inmediatamente para generar cambios o pueden almacenarse dentro del cristal para ser empleados más adelante. O ciertas vibraciones pueden almacenarse en el cristal para generar efectos durante el tiempo que se requiera hasta que el cristal esté limpio. El proceso de creación y almacenamiento consciente de una vibración o conjunto de vibraciones en un cristal para su utilización ulterior y/o lograr un efecto continuo se conoce como *programación del cristal*. Un cristal puede programarse con pensamiento, emoción, sonido, color, tacto o cualquier otra influencia mediante la cual es posible cambiar normalmente su vibración.

PROGRAMACIÓN DEL CRISTAL

1. Limpie el cristal que va a programarse.
2. Sostenga el cristal con ambas manos mientras lo mira fijamente. (Si el cristal no puede cogerse, limítese a colocar las manos encima de él.)
3. Céntrese y limpie su mente. Concéntrese en aquello con lo que se propone programar el cristal.
4. Mientras mantiene la concentración, aspire y espire con energía por la boca. Es como si estuviese soplando su intención hacia el cristal.

5. Continúe este proceso hasta que se sienta satisfecho por haber llenado plenamente el cristal con su intención.

6. Esa vibración estará ahora almacenada en el cristal hasta que lo limpie y la expulse. Algunos métodos consideran que un programa queda «encerrado» dentro de un cristal de manera más efectiva cuando los pasos uno a cinco se realizan delante de una llama. Si sigue esta opción, cuando esté programando el cristal, páselo de derecha a izquierda a través de la llama. Esto «sella» el programa que se propone fijar en el cristal.

7. Una vez hecha la programación, proceda a limpiarse usted y a limpiar el entorno que le rodea. Cuando quiera expulsar el programa del cristal, simplemente proceda a limpiarlo. (Esto puede hacerse incluso cuando el programa está «encerrado».)

Éste es un método para programar un cristal para su utilización inmediata o ulterior. A lo largo del resto del libro se ofrece más información que le permitirá entender plenamente cómo puede incidirse sobre un cristal y hacer uso de él, así como el modo en que puede afectar a nuestros cuerpos, pensamientos, emociones y entorno.

La verdad está por encima del bien y del mal..., simplemente es. Que la verdad sea su única guía es la verdadera elección.

Desarrollo de la sensibilidad para sentir físicamente y percibir intuitivamente la vibración

En el trabajo con cristales pueden intuirse los campos vibracionales que rodean a la piedra, las pautas vibracionales que resultan afectadas por su uso, así como los campos vibracionales asociados con todo lo que desee cargar con ella. No obstante, en particular cuando se trata de una labor curativa, es útil ser capaz de sentir físicamente las vibraciones con las que se trabaja. A fin de desarrollar la sensibilidad de sus manos para estar en condiciones de sentir esa energía, pruebe el ejercicio siguiente:

EJERCICIO DE RESPIRACIÓN Y SENSIBILIZACIÓN AL CRISTAL

Frótese con fuerza las palmas de las manos durante treinta a sesenta segundos, generando mucho calor. Luego sensibilice sus manos abriéndolas y soplando ligeramente sobre ellas para generar una sensación de hormigueo. A continuación, sostenga el cristal con una mano y tóquelo ligeramente con el centro de la palma de su otra mano. Luego, levante el cristal y hágale describir un movimiento circular hasta que pueda sentir la energía en forma de un hormigueo o frescor. Compruebe hasta dónde puede levantar el cristal sin dejar de sentir la vibración en la palma. Seguidamente, proceda a deslizar el cristal por encima de su cuerpo a una distancia de unos quince centímetros y, mientras lo hace, experimente el poder extraordinario de la energía producida.

Como puede verse, para sentir la vibración producida por el cristal hay que llegar a estar muy tranquilo. En realidad, la capacidad para sentir la energía no es sólo una cuestión de la sensibilidad de las manos, sino también de la fuerza de su concentración mental. Para lograr la concentración mental que se requiere, debe llegar a estar sereno, de mente y cuerpo. Deje que la mente llegue a ser como una extensión de agua en calma, sin permitir que ningún vínculo con pensamientos incontrolados perturbe su superficie. Si encuentra que sus pensamientos van a la deriva, aparte su atención de ellos y vuelva a centrarla en el cristal y en su mano. Algunas personas son capaces de sentir inmediatamente la energía producida. Otras necesitan más tiempo.

Si no lo logra al primer intento, vuelva a probar, o siga intentándolo varias veces cada día. Finalmente sentirá la vibración.

El ejercicio siguiente no sólo desarrolla la sensibilidad a la vibración del cristal, sino también la sensibilidad de las manos para sentir el campo vibracional sutil de objetos físicos, incluido el de su cuerpo y el de los cuerpos de otras personas. Para experimentar esto, pruebe el ejercicio siguiente:

Ejercicio para sentir el campo vibracional sutil

En primer lugar, sensibilice sus manos utilizando el ejercicio de respiración y sensibilización del cristal como antes. Luego, mientras sostiene el cristal en su mano, deslícelo encima del objeto físico que haya elegido. Deslice la mano a una distancia de unos quince centímetros del objeto. El cristal continuará ampliando la sensibilidad de sus manos mientras hace esto. Cuando pueda sentir la vibración del campo de energía alrededor del objeto, pruebe a acercar y alejar la mano lentamente hasta dejar de sentir el campo vibracional. Mientras hace esto, debería estar con la mente serena y la atención completamente concentrada. ¿Hasta dónde parece extenderse el campo de energía en torno al objeto? La extensión de este campo vibracional muestra el vigor y la fuerza vital de un objeto. (Véase la información sobre auras astral y mental que se incluye más adelante en este libro.)

Comprobará que cuando desarrolla la sensibilidad de sus manos y la concentración de su mente, sus aptitudes intuitivas parecen ser invocadas de manera creciente. A medida que utiliza menos su mente intelectual, comienza a basarse en otros modos de conocimiento que parecen abrírsele en forma natural. A medida que sienta físicamente más energías sutiles también comenzará a desarrollar una sensibilidad sutil. Es una sensación de conocer algo sin saber cómo lo supo. Esta sensación no parece basarse en ningún razonamiento intelectual, pero más adelante puede confirmarse intelectualmente que es correcta. Aprenda a confiar en esta sensación. Ello no quiere decir que ignore la información procedente del universo físico. En realidad, usted utiliza el universo físico para poner a prueba la legitimidad de lo que ha percibido intuitivamente. Esto, a su vez, refuerza y desarrolla la exactitud de su sensación intuitiva. Lo importante a hacer en términos de desarrollo de esa sensación sutil es, en primer lugar, advertirla y luego confiar en ella. Confíe en lo que percibe y no tema actuar de acuerdo con ello. Tenga valor. Comprobará que será capaz de utilizar la sensación sutil, intuitiva, así como de sentir físicamente la vibración sutil para realizar su trabajo con cristales. Esto le hace aún más eficaz.

Después de haber dedicado cierto tiempo a desarrollar la aptitud para sentir el campo vibracional de objetos físicos con su cristal, pruebe a hacerlo sin él. Realice el ejercicio de respiración y sensibilización del cristal, y luego deslice la mano encima del campo vibracional de un objeto sin utilizar la piedra. ¿Puede sentirlo todavía? Si no es así, vuelva a intentarlo después de repetir el ejercicio de respiración y sensibilización del cristal. Si sigue sin sentirlo como lo siente en los otros ejercicios de sensibilización, inténtelo varias veces al día hasta que lo consiga. Finalmente lo logrará.

Como con cualquier actividad, la práctica constante se traduce en mejora. El desuso trae aparejada cierta pérdida de la aptitud, aunque en general la sensibilidad recién descubierta de las manos no desaparece por completo. Si pierde la aptitud para sentir físicamente la vibración por falta de práctica, no necesitará tanto tiempo para desarrollarla como la primera vez que lo hizo. Lo único que debe hacer es volver a practicarla.

Una vez que ha desarrollado la aptitud con una mano, querrá desarrollarla en la otra, porque normalmente se utilizan ambas manos en el trabajo con cristales. Primero puede desarrollar la sensibilidad de una mano y luego hacer lo mismo con la otra. También es posible desarrollar ambas manos simultáneamente.

Quizá quiera efectuar el ejercicio siguiente junto con las otras prácticas de sensibilización. Este ejercicio desarrolla no sólo la sensibilidad de las manos, sino que también estimula las secreciones tiroideas y paratiroideas para enviar energía hacia los centros superiores de la cabeza. Esto estimulará a la glándula pi-

tuitaria para que se abra y aumente las capacidades intuitivas. El
centro del corazón se energizará y la mente se despejará para
permitir más concentración. Mientras se realiza este ejercicio es
importante mantener la posición exactamente, porque ello genera determinadas presiones (de las que llegará a ser consciente) que
estimulan reacciones que producen la alteración de las pautas de
pensamiento. Los sonidos que usted emitirá también activan
ciertos centros que generan los efectos que experimentará. El
ejercicio debería efectuarse durante seis minutos. Si al principio
no puede hacerlo durante este tiempo, comience con un minuto.
Luego aumente a tres minutos. Después de poder hacerlo durante tres minutos, aumente a seis minutos. Este ejercicio no es fácil. Requiere cierto esfuerzo de su parte. Utilice su fuerza de voluntad para seguir adelante. Como podrá comprobar, el esfuerzo
vale la pena. Para experimentar plenamente los beneficios de
este ejercicio, debería hacerlo durante treinta días.

EJERCICIO PARA DESARROLLAR LA INTUICIÓN Y LA SENSIBILIDAD DE LAS MANOS

Siéntese en un lugar en el que no le interrumpan, con la
columna vertebral recta, la cabeza mirando hacia adelante
y la barbilla levantada. Si se halla sentado en una silla,
sus pies deberían estar planos sobre el suelo y descruza-
dos. Extienda los brazos hacia los lados, paralelos al suelo, con las palmas planas y hacia arriba. Ahora, concéntrese en el centro superior de la cabeza y al mismo tiempo
sea consciente de la energía en la palma de sus manos. Al
principio quizá no esté en condiciones de ser consciente
de la cabeza y de las manos simultáneamente. (Cuadro A)
Mientras continúa el ejercicio con esta imagen en la mente, comenzará a lograrlo. Si observa que sus pensamientos
van a la deriva, haga que vuelvan a centrarse en el ejercicio. Al cabo de un rato, su mente permanecerá centrada
en el ejercicio con más facilidad. Si lo desea, puede imaginar una línea de energía que se extiende desde sus palmas hasta el centro de la coronilla, y de palma a palma,

formando un triángulo. Comience con la cabeza mirando hacia adelante. A continuación, gírela hacia la izquierda cuatro veces emitiendo con cada movimiento el sonido GUAJO. (Cuadro B) Emita el sonido en voz alta. Después de cada movimiento, vuelva a llevar la cabeza a la posición inicial. (Cuadro C) Luego, gire la cabeza hacia la derecha cuatro veces emitiendo el sonido GURU. Nuevamente, después de cada movimiento lleve la cabeza a la posición inicial. Continúe con un ritmo regular durante seis minutos. (El sonido deberá ser rítmico y continuo, sin ninguna interrupción.) Una repetición individual dura unos siete segundos. Al cabo de seis minutos, aspire y espire hondo, y relaje los brazos. Continúe sentado sin moverse durante unos minutos para integrar los cambios.

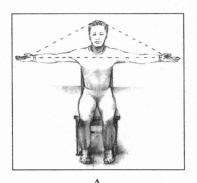

A

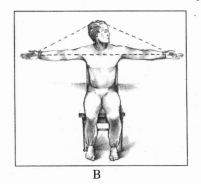

B

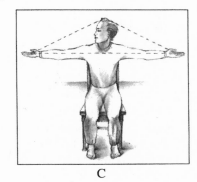

C

Entrenamiento de la mente

En la mayoría de la gente, la mente vaga de manera incesante de un pensamiento a otro, sin que ninguno llegue a concretarse ni tenga continuidad. Estos pensamientos son activados por cosas que vemos, sonidos que oímos, impresiones sensoriales, recuerdos, y por aquella actividad mental que vibra a nuestro alrededor constantemente. Desprevenida y carente de entrenamiento, la mente resuena con cualquier otra vibración mental que se produzca en el entorno que nos rodea o que se dirija a nosotros. Mientras la mente incontrolada resuena con esos diversos estados vibratorios que se producen a nuestro alrededor, somos influidos por ellos. Así, si las personas que nos rodean están airadas, llegamos a sentirnos airados. Si están felices, somos felices, etc. Si el cielo está encapotado, podemos sentirnos deprimidos. Las vibraciones de una ciudad bulliciosa pueden hacernos sentir tensos y crispados. Podemos vivir detenidos en el recuerdo en lugar de centrarnos en el presente, y esos recuerdos generan determinados estados emocionales que activan los pensamientos correspondientes.

Con mucha frecuencia nos convertimos en esclavos de nuestras mentes, en lugar de ser sus amos. Cuando necesitamos centrar la mente, los «músculos» no están allí. No podemos retener un pensamiento o una imagen, ni conseguimos tranquilizar nuestra mente. Cuanto más nos esforzamos por serenar nuestra mente, más activa se vuelve. Somos incapaces de concentrarnos, nuestros pensamientos se persiguen unos a otros sin cesar, hasta que finalmente nos distrae algún otro pensamiento más fuerte. Esta descripción se aplica a la mente media, a la mente sin desarrollar.

¿Cuál es la alternativa? ¿Qué queremos decir cuando hablamos de una mente desarrollada? Una mente desarrollada puede compararse a una extensión de agua en calma. Como si fuesen olas, los pensamientos cruzan su superficie, pero el agua sigue tranquila. Los pensamientos van y vienen, pero no agitan la mente. La mente descansa en un estado de conciencia apacible. Entonces, cuando a la mente le corresponde dirigir su atención de algún modo, lo hace con intensidad y firmeza. Ninguna distracción desvía su atención, que se mantiene concentrada por nuestra propia voluntad. Cuando la mente desarrollada está centrada, sólo es consciente de aquello que la ocupa. Se mantiene firme y constante. Cuando cesa la necesidad de concentración, entonces la mente regresa a su anterior estado de equilibrio. Sólo cuando la mente está tranquila y han cesado las discriminaciones y juicios podemos llegar a ser conscientes de la corriente continua de sabiduría que fluye a través de nosotros para guiarnos en nuestro trabajo.

¿Por qué hace falta una mente despejada y firme en el trabajo con cristales? Hemos visto que el cristal tiene la capacidad de influir en las vibraciones para que manifiesten estados alterados. Esto puede utilizarse en nuestro provecho. Generamos una determinada vibración de pensamiento con la que el cristal resuena en armonía y luego enviamos esa vibración mental a interactuar con otro conjunto de vibraciones, cambiándolas como nos proponíamos. Con esta técnica, podemos realizar cambios en los planos mental, astral, etéreo y físico. Para efectuar esto de manera efectiva, debemos asegurarnos de que la visualización, el pensamiento o la intención se mantenga inquebrantable durante el tiempo que se requiera para alcanzar los resultados. Los pensamientos o visiones tienen que estar centrados con intensidad, a fin de que el cristal reciba sus impresiones claramente, sin confundirse con otros pensamientos o visiones intervinientes. Sólo se transmite un conjunto de vibraciones. Si la mente está abarrotada e incontrolada no hay manera de poder hacer esto. No existe ningún control sobre los otros pensamientos que inciden en la previsión propuesta. Además, las imágenes o pensamientos necesitan mantenerse con firmeza mientras se aplica la voluntad para dirigirlos a través del cristal con el propósito de que se transmitan del modo previsto. Cuanto más capaces de centrarse sean nuestras mentes, menor será nuestro control y más efectivo nuestro trabajo.

La siguiente es una técnica a utilizar para desarrollar y entrenar la mente. Pruébela y luego vea la diferencia que se aprecia en su trabajo con cristales. Se recomienda probar la técnica al menos durante treinta días para ver resultados. Después de aplicar esta técnica para entrenar su mente, pruebe la tercera práctica llamada Ejercicio para Transmitir Serenidad. En este ejercicio utilizará su mente y su intención para dirigir vibraciones con un cristal con el objeto de producir cambios.

Seguir el ejercicio de respiración

Siéntese en un lugar en el que no será molestado. Debe estar relajado, pero con la columna vertebral recta. También puede tenderse de espaldas; sin embargo, esta posición tiende a hacernos caer en el sueño. Cierre los ojos y lleve la atención hacia su respiración. Continúe respirando con naturalidad y observe en qué zona la respiración parece hacerle cosquillas: en la punta de la nariz, en la parte frontal de las fosas nasales o en el labio superior. En lugar de un cosquilleo, puede experimentar un ligero enfriamiento en esas zonas. Si no advierte por dónde pasa el aire al entrar y salir de su cuerpo, continúe centrándose en la punta de la nariz o en el labio superior hasta que sienta el pasaje del aire. Mientras continúa sentado erguido de una manera relajada, respirando con naturalidad, también sigue sintiendo el ligero cosquilleo de la respiración cuando aspira y espira. Si comprueba que su atención se ha desviado, vuelva a centrarla en el cosquilleo de la respiración. Se encontrará volviéndose muy sereno y centrado. Finalmente su mente se calmará hasta que no haya nada en su conciencia, excepto el cosquilleo de la respiración. Encontrará que su respiración se vuelve más y más débil, mientras entra en un estado de concentración profunda. Puede encontrarse con que su respiración cesa por completo mientras usted permanece suspendido en un estado de concentración sumamente profunda. No se preocupe: tan pronto como advierta que su respiración ha cesado, ¡habrá vuelto a comenzar! No trate de manipular su respiración. *Límitese a observarla.* Pase por alto toda visión, emoción, sentimiento o comprensión que pueda tener. No harían más que distraerle de este estado de concentración profunda. Para comenzar, realice este ejercicio durante tres minutos como mínimo. Luego, en forma gradual, aumente el tiempo a siete, once, quince, treinta minutos seguidos. Si lo desea, puede dedicarle una hora. Es posible que cuando comience a practicar este ejercicio su mente parezca más activa. Normalmente, esta actividad mental ha estado produciéndose en todo momento, sólo que antes puede no haberlo notado. Lo más importante es no juzgarse ni juzgar su «progreso». Eso sería una interferencia. Aparte su mente de las evaluaciones y vuelva a la respiración. Esto desarrollará su aptitud para centrarse y dirigir su mente sin esfuerzo.

Mientras realiza este ejercicio, observe cómo los pensamientos parecen ir y venir por su mente. No parecen originarse en la mente, sino que dan la impresión de flotar a través de ella. Algunos son atraídos hacia usted, y algunos no lo son. Esos pensamientos por los cuales usted no siente ninguna atracción, o por los cuales no tiene ninguna tendencia a resonar en armonía, no se quedan con usted. Se marchan rápidamente o pasan inadvertidos. En una mente dirigida, despejada, los pensamientos que no son espontáneos no se quedan. Los pensamientos que son convocados específicamente y dirigidos voluntariamente son aquellos con los que trabaja la mente despejada. A continuación se incluye un ejercicio que puede efectuar para practicar el proceso de invocar y dirigir pensamientos e imágenes con un cristal de cuarzo.

EJERCICIO PARA TRANSMITIR SERENIDAD

Trabaje con una persona que le haya dado autorización para hacerlo. Siéntense en silencio, uno frente al otro, de un modo relajado y con la columna vertebral recta. Respiren con naturalidad. Haga que la persona que se halla frente a usted cierre los ojos. Pídale que permanezca inmóvil y receptiva a lo que usted le transmitirá con su cristal. Sostenga su cristal con ambas manos delante de usted, con la punta hacia adelante, y cierre los ojos. Imagínese sintiéndose muy contento. Si lo desea, imagínese estando en el lugar más apacible que haya visitado o que pueda visualizar. Puede estar tendido al sol en una playa desierta sin hacer nada en particular, pero sea muy consciente del calor que baña su cuerpo y de la fresca brisa que mece las palmeras encima de usted. Puede sentirse haciendo varias aspiraciones y espiraciones profundas, relajándose incluso más mientras lo hace. Comienza a sentir dentro de usted una inmensa satisfacción. Todo está muy bien. Todo es como debería ser, y siempre estará muy bien. Imagine ese estado, generando la sensación dentro de usted.

Ahora, mientras mantiene esa imagen y ese conjunto de pensamientos apacibles, abra los ojos y mire fijamente el cristal de cuarzo. Siga manteniendo con firmeza los pensamientos apacibles y ese estado de serenidad, haga una respiración profunda y finja que sopla toda esa serenidad y satisfacción hacia el cristal. Haga esto varias veces si lo desea, hasta que sienta que es suficiente. Ahora, sostenga el cristal en su mano derecha, con la punta en dirección a la persona que se halla delante de usted en disposición receptiva y con los ojos cerrados. Mientras apunta el cristal hacia la persona, imagine que toda la paz y satisfacción que «sopló» hacia el cristal comienza a salir por la punta y entra en ella. Esto puede «parecerse» a una corriente de luz dorada o rosada que sale de la punta del cristal y entra en la persona. Mientras continúa dirigiendo las imágenes, pensamientos y sensaciones de paz hacia el cristal, éstos continúan entrando en la persona que se halla delante de usted. Puede sentir deseos de mover el cristal en torno a la persona para conseguir que esa paz la rodee como un halo de luz, o puede dirigirla hacia su corazón. Deje que sus sentimientos le dirijan. Si en algún momento sus pensamientos se dispersan, vuelva a atraerlos hacia el proceso que está realizando. Vuelva a imaginar que la satisfacción y la paz fluyen de usted y a través del cristal se dirigen hacia la persona que tiene delante.

Si se siente atraído a dirigir este flujo a una parte determinada del cuerpo de la persona, hágalo. Si intuitivamente siente alguna tensión o resistencia ante el flujo de serenidad por parte de la persona que se halla delante de usted, dirija el cristal hacia ella. Imagine que toda tensión disminuye y se disuelve, hasta quedar en armonía con la satisfacción. Puede querer imaginar a la persona que se halla delante de usted expandiéndose ligeramente con el resplandor sereno que ahora parece emanar de ella, o imaginar que le sucede una infinidad de cosas que parecen simbolizar su satisfacción creciente. No se preocupe ni se pregunte si está haciéndolo bien. Siga adelante con este proceso hasta que sienta que ha hecho lo suficiente. Tendrá una sensación clara al respecto. Confíe en usted. Cuando haya terminado de transmitir esto desde su cristal, deposítelo delante de usted. Cierre los ojos y siéntese durante unos minutos disfrutando de esta satisfacción. Cuando le apetezca, abra los ojos e indique a la persona que está delante de usted que ha terminado el proceso y que puede abrir los ojos cuando tenga ganas de hacerlo. Cuando la persona haya abierto los ojos, permanezcan sentados y juntos durante unos instantes, antes de ponerse de pie y volver a ocuparse de sus respectivas actividades cotidianas.

Durante el proceso, determinadas cosas sucederán tal como se ha descrito. Mientras se imaginaba sintiéndose sereno, generó una resonancia particular dentro de usted que refleja ese estado. Luego el cristal de cuarzo comenzó a resonar con esta vibración mientras usted «soplaba» en él. Cuando el cristal empezó a ampliar esta vibración apacible, le ayudó a sentirse aún más sereno. Esto, a su vez, realimentó al cristal, que amplió todavía más el estado de serenidad, lo cual le ayudó a sentir más satisfacción, etc. Cuando imaginó las vibraciones apacibles saliendo del cristal para entrar en la otra persona, utilizó su voluntad para dirigir las vibraciones de ésta y del cristal a fin de que estuviesen en armonía. La persona comenzó a sentirse influida por ello y empezó a experimentar satisfacción.

Mientras usted realizaba este proceso, podría haber sido consciente de que le sucedían una o varias cosas. Su respiración podría haber llegado a ser muy tranquila. Podría haber experimentado una sensación de hormigueo en el centro de la frente o a lo largo de la columna vertebral. Podría haber comenzado a estremecerse o a transpirar. Podría haber comenzado a sentirse débil, o cargado con una fuerza o energía inusual. Podría haber sentido en su cuerpo una sensibilidad o conciencia realzada. O podría haber empezado a sentirse somnoliento. Estas sensaciones podrían ser el resultado de determinadas energías de un carácter más sutil que despiertan en usted. O podrían ser manifestaciones o bloqueos que usted tiene, o simplemente una debilidad del sistema nervioso cuando energías más intensas, más cargadas, recorren su cuerpo. Existen muchas razones posibles para entender las diversas sensaciones que podría haber experimentado, como se explicará en capítulos siguientes. Mientras realiza este proceso, pase por alto esas sensaciones. Aparte su atención de ellas y vuelva a llevarla a lo que está haciendo. No les deje interferir con su centro de atención actual. Puede abordarlas y trabajar con éllas más adelante.

Hay dos modos de visualizar y generar el cambio. Uno es imaginar un cambio como si ya se hubiese producido y luego enviarlo hacia afuera desde su cristal. El otro modo es el método que se utilizó durante esta técnica. En esa ocasión, imaginó y experimentó como si un cambio sucediese dentro de usted, y luego lo imaginó como sucediendo en otra persona *hasta su culminación*. En este último proceso, lo importante a recordar es no forzar el cambio, sino *permitir* que suceda.

Todo el universo es un estado de la mente...
Cambie su mente, cambie su universo.

La voluntad

La voluntad es esa fuerza decidida que se halla detrás de sus intenciones y que las hace posibles. La fuerza de voluntad es esencial para que el trabajo con el cristal de cuarzo sea efectivo. La duración de su concentración, el poder de su proyección, la claridad de sus visualizaciones, todo depende de su fuerza de voluntad. La voluntad, combinada con ciertas técnicas, genera las numerosas y diversas vibraciones que se hallan presentes en el cristal. Su voluntad también dirige o transmite las corrientes de energía que usted ha creado con el cristal. Es lo que propulsa su cuerpo y sus acciones en los planos astral, mental y causal. Su voluntad prevalece en todos los universos.

La fuerza de voluntad está vinculada a la vitalidad general. Si tiene poca energía vital, tendrá poca fuerza de voluntad. Cuide su salud. También está vinculada a la fuerza nerviosa, por lo que es importante desarrollar un sistema nervioso vigoroso. También, cuanto más estimulado y abierto esté el punto del ombligo, más fuerte será su fuerza de voluntad. Haga los ejercicios que se requieran para fortalecer el centro de su ombligo. (Véase en la página 76 el ejercicio del tercer chakra.)

Además de la fuerza de voluntad individual, hay otra fuerza similar en el universo que se emplea en el trabajo efectivo con cristales. Esta corriente de energía reside en todos los planos. Esta fuerza es responsable de un cierto orden, de hacer que las cosas encajen. A medida que llegue a ser más consciente, desarrollará la sensación de esta fuerza. Se siente como una intención decidida que subyace en toda vida. Nunca estamos separados de ella, aun cuando no nos demos cuenta. Sin embargo, esta fuerza incluye a nuestra individualidad y, al mismo tiempo, está más allá de nosotros. A veces se habla de ella como de una voluntad superior. Cuando ha llegado a ser consciente de ella, no la siente como opresiva, sino como liberadora. Aunque sea capaz de sentirla en su cuerpo, y de percibirla, esa fuerza no presentará ninguna forma particular que pueda describir y no surgirá de ninguna forma. Es una esencia que existe en todos los planos.

En su trabajo con cristales, como en todo trabajo metafísico, cuando usted está al servicio de esta voluntad superior, se siente animado y en armonía. Siente como si tuviese una guía en su trabajo y en su vida. Siente un poderío y una fuerza que fluyen a través de usted.

Si no está al servicio de esta voluntad superior o en armonía con ella, a largo plazo sus esfuerzos serán en vano. Sus resultados no serán duraderos. No aportaría paz y armonía duraderas a su vida o a la de alguien con quien trabaje. Puesto que no recibiría la guía que necesita, comenzará a confiar sólo en su mente intelectual como orientadora. Si hace esto, a largo plazo será ineficaz. Si se opone activamente a esta voluntad superior, atraerá una energía negativa y terminará sufriendo.

Estar al servicio de esta voluntad superior no quiere decir que no se tenga voluntad propia. Por el contrario, lo que se pide de usted demanda una tremenda fuerza de voluntad. Se requiere una voluntad fuerte para ser continuamente consciente de cuál es la acción correcta que se espera de usted, sea cual sea. Aunque su voluntad individual parece estar reforzada cuando usted se halla en armonía con esta voluntad superior, sigue siendo su voluntad la que determina sus acciones. Por ejemplo, en el trabajo con cristal de cuarzo, su voluntad cambia, dirige y transmite las vibraciones del cristal. Su voluntad mantiene su concentración mientras usted visualiza. Es su voluntad la que dirige y mantiene su atención en los innumerables modos que se requieren.

¿Cómo determina usted cuál es la voluntad superior y cómo establece sus conexiones con ella? Puede oír y percibir cuál es la voluntad superior cuando su mente está serena y usted está centrado. La voz silenciosa de la voluntad superior se oye en esos momentos en que usted escucha a su intuición o cuando se centra calladamente en el centro de su corazón en medio de su pecho. No es lo mismo que el conocimiento intuitivo, pero parece acompañarlo en la forma de una guía interior. Puede establecer mejor su conexión con esta guía interior pidiéndola. Conviértala en una meditación diaria durante unos minutos para pedir guía por parte de la voluntad superior. Pida poder oír y ser oído. Pida que sus acciones no surjan de su propia voluntad, sino que lo hagan en armonía con esa voluntad que es superior. Puede que esa guía superior u orden esencial determine sus acciones. Podría probar a repetir silenciosamente una afirmación mientras se ocupa de las actividades de su vida cotidiana... «no mi voluntad, sino la tuya...» Déjela impregnar su cuerpo, su mente y su espíritu hasta que llegue a ser parte de su misma naturaleza.

¿Está buscando su poder y preguntándose cómo utilizarlo? El poder verdadero no es algo que pueda poseerse.

*Nunca encontrará su verdadero poder
ni la sabiduría para utilizarlo
hasta que deje de creer
que está en lo cierto.
Al tratar de estar en lo cierto,
¿quién es usted... o qué está defendiendo?*

*Deje de tratar de ocultarse ante sí mismo.
Al hacerlo, crea su propia prisión.*

Prana o fuerza vital

El prana hace referencia a la fuerza vital del universo. Se encuentra en todos los planos y vitaliza todo lo existente, incluidos nosotros mismos. Esta fuerza vital envía sus corrientes de vida a través de todo nuestro cuerpo hasta lo físico, adonde es llevada por el sistema nervioso sutil, cuyas células la absorben. Su nivel de salud y vitalidad es determinado por su grado de absorción y circulación del prana. Cuanto más prana absorba, más vitalidad sentirá. Cuanto más vitalidad tenga, más sano estará.

El prana está íntimamente ligado a la respiración. Cuando aspira hondo, lleva más prana hacia su cuerpo. Del mismo modo, cuando espira, lo descarga. Utiliza la respiración para hacer circular esta corriente vital pránica por su cuerpo. Esta distribución se produce de manera natural cuando respira. Sin embargo, la distribución del prana también puede ser dirigida con la voluntad hacia adentro o hacia afuera del cuerpo. Existen muchas técnicas que utilizan la respiración para distribuir y acumular el prana en el cuerpo. Estas técnicas reciben el nombre de Pranayama.

También puede utilizar la voluntad en combinación con la respiración para enviar esta fuerza vital hacia afuera, con el propósito de vitalizar a otra persona. (Esto es particularmente bueno en el trabajo curativo.) También puede utilizar la respiración para cargar, vitalizar o potenciar cualquier proyección que pueda estar intentando en su trabajo con cristales. En otras palabras, utiliza la respiración cargada de prana asociada a la voluntad para llevar la corriente de energía liberada por el cristal. Para hacer esto, acumula prana conscientemente cuando aspira. Cuando espira, envía este prana hacia afuera para cargar su intención. (Verá que este proceso se utiliza muchas veces en este libro.)

El siguiente es un ejercicio que puede hacer para practicar el envío de prana hacia afuera a fin de vitalizar a otra persona. También puede emplear esta técnica para enviar prana o fuerza vital extra hacia su comida, sus plantas o sus animales. Esto se realiza mejor al aire libre, a la luz del sol, pero puede hacerse en cualquier lugar.

EJERCICIO DEL PRANA

Siéntese o permanezca cómodamente de pie con la columna vertebral recta. Sostenga en la mano derecha un cristal de cuarzo uniterminado o una varita de cristal, con la punta hacia afuera. Céntrese mientras cierra los ojos y comience a respirar por la nariz con respiraciones profundas y prolongadas. Esta es una técnica de respiración particular que, entre otras cosas, actúa para atraer hacia su cuerpo cantidades adicionales de prana. Llene plenamente sus pulmones cuando aspire. Mientras aspira, imagine que con su respiración atrae hacia su cuerpo grandes cantidades de prana, haciéndola circular por él. Mientras espira, imagine que envía fuera de su cuerpo toda energía negativa. Sienta como si su cuerpo irradiase más y más vitalidad con cada aspiración. Haga esto durante tres minutos, por lo menos. Ahora, mientras continúa inhalando prana, visualice a la persona a quien le gustaría enviar esa energía vital. Mantenga claramente en su mente la imagen de la persona. Mientras continúa centrándose en la persona, mantenga el brazo y la mano derechos en alto, pareciendo apuntarla con el cristal o la varita. Mientras apunta el cristal o la varita hacia la persona, aspire por la nariz. Luego espire por la boca hacia el cristal, llenándolo con el prana que ha acumulado en su cuerpo. Haga esto dos o tres veces, o hasta que sienta que el cristal está cargado con esta fuerza vital. Luego vuelva a aspirar por la nariz y a espirar por la boca enviando el prana desde el cristal hacia la persona. Continúe enviando la fuerza vital desde su cuerpo hacia la persona a través del cristal, hasta que le parezca que es momento de detenerse. No haga esto durante más de diez minutos. Luego, deje el cristal y baje el brazo para que se relaje. Recárguese con el prana inhalándolo y expulsando al espirar toda negatividad que pueda haber aspirado. Haga esto durante tres minutos, como mínimo. Luego relájese.

También puede efectuar este proceso con la persona delante de usted. No tiene que hacerse a la distancia. Si lo hace de este modo, continúe hasta que la persona se sienta más vitalizada o hasta que usted vea que lo está. No haga esto durante más de diez minutos seguidos. Asegúrese siempre de cargarse con más prana después de este proceso. Cuando haya terminado, limpie sus cristales.

El trabajo con estados emocionales

Para trabajar con estados emocionales y cristales de cuarzo, debe tener un control firme de las emociones. Las emociones no deben controlarle a usted. Estar en control de sus estados emocionales no quiere decir que no tenga emociones. Por el contrario, no sólo tiene emociones, sino que debe desarrollar la aptitud de sentirlas intensamente. Si no tiene la aptitud de sentir sus propias emociones, no puede abrirse a sentir las emociones de otras personas. Si fuese así, estaría seriamente limitado en el trabajo con cristales que sea capaz de hacer. El trabajo con cristales requiere que tenga empatía y compasión por aquellos con quienes trabaja. Para reunir estas cualidades, debe tener el centro del corazón abierto, porque es allí donde se alojan la empatía y la compasión. Si se insensibiliza contra los sentimientos, levanta murallas en torno al centro de su corazón y lo cierra. Si el centro de su corazón está cerrado, la energía que necesita para trabajar no puede canalizarse a través de su cuerpo como debiera y usted llega a estar bloqueado.

¿Qué significa estar en control de sus emociones? Significa que les permite ir y venir sin dejarlas determinar necesariamente sus palabras o sus acciones. Entonces, esa parte imparcial de usted que puede observarlas determinará la acción adecuada.

Cuando trabaje para reforzar su sistema nervioso y abrir el centro de su ombligo, desarrollará esa fuerza de voluntad que es necesaria para ser capaz de contener la inclinación a actuar impulsivamente. Entonces será capaz de distanciarse, limitándose a observar y a experimentar la emoción sin reprimirla o hacer algo al respecto. Cuanto menos se involucre con una emoción y menos atención le preste, más rápidamente desaparecerá. Usted alimenta las emociones con la atención que les presta. Esto se aplica a toda emoción, no sólo a las negativas. Observe qué es lo que activa cada emoción. En general, las emociones se basan en un deseo o conjunto de deseos suyos no satisfechos. Experimente plenamente la emoción y el deseo que se esconden detrás de ella sin emprender ninguna acción. Luego, libérese del deseo. Aprenderá mucho sobre usted mismo y sobre los demás.

Cuando trabaje efectivamente con cristales, debe ser flexible y actuar en concordancia con la voz conductora que hay dentro de usted. Si está vinculado a un estado emocional o perdido en él, no se hallará en condiciones de liberarse de su influencia con el objeto de centrar su atención en esa voz interior conductora. Tampoco sería capaz de utilizar su voluntad para proyectar ninguna otra visualización, pensamiento o emoción. Por consiguiente, en lugar de hacer lo que se proponía en su trabajo con cristales, más que nada estará proyectando su propio estado emocional.

Sea prudente y tenga conciencia de lo que proyecta. Limpie sus cristales y herramientas, así como la habitación en la que está/estuvo, si ha permanecido en un estado emocional negativo.

Cuando sea capaz de observar sus estados emocionales sin actuar sobre ellos, finalmente comprenderá cómo abordarlos. Las emociones no son moralmente correctas o incorrectas. Lo que se juzga como moralmente correctas o incorrectas son las acciones que emprende basándose en ellas. La acción correcta es la que se halla en armonía con su entorno, con los demás y con su propia voz interior.

Mientras continúa desarrollando el desapasionamiento en usted, irá abriéndose el centro de su corazón. Cuando el centro de su corazón se abra y usted no esté cegado por sus emociones, comprobará que se halla en un estado natural de amor, que sólo necesita ser descubierto. Este amor natural no tiene nada que ver con la emotividad. Es mucho más sereno, más comunicativo y más profundo.

Verá que toda situación, todo objeto y todo ser se halla asociado a una sensación particular que puede experimentar en su cuerpo cuando está limpio y centrado, y cuando su mente está tranquila. Cuando puede percibir o sentir este componente emocional, se dice que tiene empatía con él.

A continuación se sugiere un método para trabajar con las emociones: Primero, genere deliberadamente una emoción en usted y proyéctela con la ayuda de su cristal para provocar cambios. ¿Cómo se hace esto? Comience por centrarse, despejando su mente mientras sostiene en la mano el cristal de cuarzo. Imagine un cambio determinado que quiere provocar o una visualización que quiere proyectar. Luego céntrese en su cuerpo, en la zona del centro del corazón en medio del pecho. ¿Qué sentimiento o emoción parece estar asociado a lo que quiere hacer? Si no siente una emoción particular, imagine una. Entonces, mientras sigue centrándose en la visualización o cambio, aumente la intensidad de la emoción que experimenta en su cuerpo. Utilizando la voluntad, proyecte la emoción, así como la visualización, hacia el cristal. Esto generará una vibración particular en la piedra, que corresponderá a una versión muy ampliada de lo que se propone proyectar. Luego, mientras sigue centrándose en esa visualización y en la emoción correspondiente, use su voluntad para transmitir esa vibración desde el cristal hasta la situación, objeto o ser sobre el que se propone incidir. Emplee la espiración para hacer posible la transmisión. En este procedimiento ha trabajado con los planos emocional (astral) y mental para influir en lo físico. Para generar y transmitir emociones, debe ser capaz de dejar de lado todo estado emocional en el que esté involucrado en ese momento y de centrarse en las emociones con las que quiere trabajar. Con el objeto de hacer esto, debe desarrollar la capacidad de controlar sus emociones.

El siguiente es un ejercicio que le permitirá controlar sus emociones, pensamientos y deseos:

EJERCICIO DEL CRISTAL
PARA LIBERARSE DE PENSAMIENTOS Y DESEOS

Siéntese en una silla con los pies planos sobre el suelo. O, si está más cómodo, póngase de rodillas haciendo descansar el peso del cuerpo sobre los talones o siéntese en el suelo con las piernas cruzadas. Mantenga la columna vertebral recta. Sostenga el cristal con ambas manos delante de usted, con la punta hacia adelante. (El hecho de sostener el cristal con ambas manos equilibra las energías masculina/femenina presentes en su cuerpo. Este equilibrio le ayuda a canalizar la energía a través de su cuerpo.) Para centrarse, haga unas respiraciones profundas y prolongadas por la nariz. Centre su concentración en el cristal a fin de vibrar en armonía con él. Piense en el deseo o pensamiento que le gustaría eliminar. Sienta todas las emociones asociadas con ese deseo y manténgase centrado en ellas. Si llegan a usted algunas imágenes o visualizaciones que parecen estar asociadas a ese deseo o pensamiento no querido, céntrese también en ellas. Cuando esté firmemente centrado en el pensamiento o deseo y en todo lo que va asociado a él, aspire por la nariz. Luego espire con energía por la boca y finja que está soplando todas las emociones y pensamientos no deseados hacia el cristal que se halla delante de usted. Continúe este proceso durante once minutos o hasta que no llegue a su mente ninguna asociación no deseada. Se producirá una vibración en el cristal, que resuena en armonía con el deseo o pensamiento proyectado. El cristal podría comenzar a parecer opaco o empañado. Cuando haya terminado, coja el cristal con la mano derecha y dirija la punta hacia la tierra delante de usted, si está al aire libre. Si está bajo techo, dirija la punta del cristal hacia el suelo.

Utilice la voluntad para enviar el deseo o pensamiento desde la punta del cristal hacia la tierra. Si está bajo techo, envíelo a través del suelo o de los suelos hacia la tierra. Imagine las partículas de tierra rodeando y disolviendo el deseo o pensamiento, hasta desintegrarlo por completo y tragárselo. Luego, imagine que la tierra se halla en un estado de serenidad y paz.

Continúe haciendo esto durante once minutos, hasta que considere que es momento de detenerse, o hasta que el cristal se vea o parezca más limpio. La vibración del cristal habrá vuelto a cambiar a su vibración anterior, o a una nueva vibración en consonancia con la paz actual de su mente. Si lo desea, entierre su cristal en la tierra durante el tiempo que le parezca adecuado en su caso. Proceda a limpiar el cristal, las demás herramientas, su persona y el ambiente que le rodea. Coloque las manos sobre la tierra unos instantes y luego láveselas.

Los estados emocionales son la creación de la mente.
(Usted puede elegir cómo reaccionar.)

La mente obedece a la voluntad.
¿Qué hay detrás de la voluntad?
¿Dónde se localiza lo que se halla detrás de la voluntad?

PROYECCIÓN DE ESTADOS EMOCIONALES, VISUALIZACIONES Y PENSAMIENTOS CON CRISTALES

¿Cómo utilizar la voluntad en conjunción con un cristal de cuarzo para proyectar las vibraciones que generó en él en correspondencia con un estado emocional, una visualización o un pensamiento? En primer lugar, forme a su alrededor un triángulo colocando tres cristales de fuerza o vibración equivalente en cada vértice del mismo. Siéntese o párese en el centro del triángulo, con la columna vertebral recta. Póngase frente a uno de los vértices. Usted enviará su proyección fuera de ese punto. Sensibilice sus manos. Cuando sus manos están sensibilizadas, sostenga una varita de cristal de cuarzo o un cristal uniterminado en cada una de ellas. Ambos cristales deberían concordar en tamaño y poder. (Puede visualizar los cristales si no los tiene.) Cierre los ojos y comience a concentrarse.

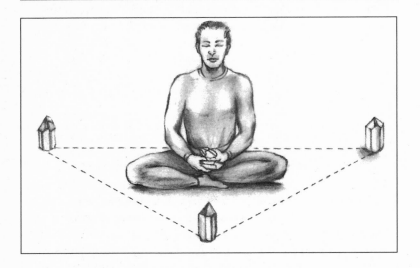

Haga unas respiraciones profundas y prolongadas por la nariz para centrarse más. Mientras hace esto, concéntrese en el centro de su corazón en el medio del pecho. Cuando aspire, llene el centro de su corazón con un sentimiento tierno. Cuando espire, expulse todo sentimiento que no sea de amor. Continúe hasta que se sienta plenamente colmado con este sentimiento tierno. Esto activará el centro de su corazón. A continuación, extienda los brazos a los lados, paralelos al suelo. Mantenga sus manos sensibilizadas con las palmas hacia arriba, sosteniendo los cristales de cuarzo o las varitas apuntando a su cuerpo.

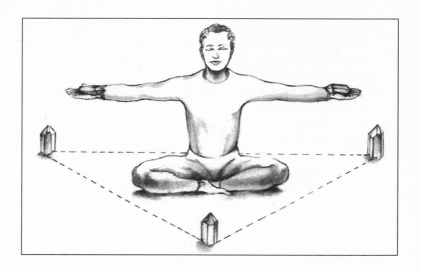

Mientras aspira por la nariz, sienta que atrae a través de sus dedos corrientes de energía. Imagine que esto activa los cristales, ampliando la energía aún más. Mientras envía esta energía hacia arriba por sus brazos hasta el centro de su corazón, mezcle estas poderosas vibraciones internas con el amor ya existente. Envíelas a través de todo su cuerpo. Continúe haciendo esto hasta colmar todo su cuerpo. Haga respiraciones profundas y prolongadas, y aspire por la nariz. Cuando se sienta colmado con esta vibración, céntrese en la emoción, pensamiento y/o visualización que quiere proyectar. Céntrese en ello muy claramente. Vea y experimente todo detalle. Colme su cuerpo con esta vibración cargada. Continúe hasta que no haya ningún otro pensamiento, emoción o experiencia de su cuerpo que no sea parte de su proyección deseada. Cuando llegue a ese estado, envíe las vibraciones desde el corazón a través del centro de su garganta y hacia arriba hasta el tercer ojo o centro de la energía en medio de la frente.

Céntrese en el punto de su tercer ojo mientras hace girar los cristales o varitas para que apunten hacia adelante, revirtiendo el flujo de energía. Manténgalos delante de usted con las manos extendidas, o mantenga extendido sólo el brazo derecho.

Ahora, haga una aspiración profunda por la nariz y expulse el aire con energía por la boca. En cada espiración, expulse corrientes de energía a través de los brazos, las manos, el tercer ojo y los cristales. Con la corriente de energía hacia afuera, envíe el pensamiento o visualización hacia la persona, ser u objeto sobre el que desea influir, mientras se centra en su tercer ojo. Alimente constantemente su tercer ojo con la energía procedente del centro de su corazón. (Esto sólo es posible si el centro de la garganta no está bloqueado.) Colme a la otra persona con la proyección hasta sentir su cuerpo vacío, hasta que vea resultados, o hasta que sienta naturalmente que es momento de detenerse.

¿Qué utiliza para proyectar? Utiliza su voluntad, su intención intensa. Es como si hiciese posible o empujase hacia afuera a las vibraciones con esa intención. La voluntad más fuerte es apoyada por la fe o creencia en lo que está haciendo *en el momento exacto en que lo hace*. Es posible basar su creencia en lo que ha oído o leído. Sin embargo, para una mayor eficacia, base su creencia en su propia experiencia.

Cuando haya terminado, siéntese durante un rato y céntrese, volviendo a colmarse de energía. No agote su cuerpo ni su organismo. Atraiga energía de la tierra a través de los pies para nutrirse, o tómela del sol a través del centro de la coronilla. Luego limpie la habitación, límpiese usted y limpie sus herramientas.

Utilice esta técnica sólo cuando se lo pidan, o en los casos en que sienta una fuerte guía interior para hacerlo. Antes de cambiar las cosas en el universo físico a su alrededor, considere la acción y las repercusiones del cambio. ¿Es la acción adecuada? ¿Está en armonía? ¿Existen buenas razones para que la situación permanezca tal como está? Mientras lo considera, «vea» la situación a través de la perspectiva de los centros de su corazón y de su tercer ojo.

Sea consciente del plan general de esta vida en todos los aspectos, no sólo en el físico. No genere caos. No actúe sin criterio. Sea capaz de considerar el plan general, de desarrollarse mediante las técnicas sugeridas en este libro. Actúe utilizando la perspectiva del espíritu superior o de los planos más elevados y sutiles.

Cuanto más en sintonía esté su trabajo con el plan general, más podrá actuar como un «canal limpio» permitiendo que el flujo de energía fluya a través de usted sin impedimentos. Necesita fortalecer su voluntad, abrir su tercer ojo, su corazón y otros centros de energía, a fin de que la energía esté en condiciones de fluir a través de usted. (En capítulos ulteriores se incluyen métodos para hacer esto.)

Esté dispuesto a no utilizar sus cristales o a no hacer ningún trabajo en absoluto, a menos que se lo pidan. De todos modos, siéntase satisfecho. Si está satisfecho por no hacer nada, estará menos inclinado a efectuar trabajos con cristales cuando no sea necesario. No realice ningún trabajo para lucirse, porque invariablemente esto resultará nocivo para usted y para los demás. Es una trampa que lo apartará del centro y entonces ya no podrá oír a su guía interna. Cuando está descentrado, no siente el gozo y la profunda satisfacción que experimentará si actúa simplemente como un conducto para que el flujo natural de armonía pueda realizar su trabajo.

2. El cuerpo ampliado

El cuerpo humano está rodeado por otros diez cuerpos, cada uno de ellos con una esencia y una vibración singulares. Como veremos en la exposición siguiente, en el trabajo con cristal de cuarzo el interés reside principalmente en cuatro de ellos: los cuerpos físico, etéreo, astral y mental. Los diferentes cuerpos pueden representarse como capas, uno encima del otro, aun cuando en realidad cada cuerpo está contenido dentro de los siguientes cuerpos superiores. Esos cuerpos rodean al cuerpo físico formando un óvalo. (Véase ilustración.) Cada uno de ellos tiene una densidad y un tipo de vibración particular. A medida que los cuerpos se extienden desde el núcleo, o cuerpo físico, la vibración es cada vez más sutil. Aunque todos estos cuerpos tienen densidades diferentes, se corresponden y están unidos entre sí. De este modo, un cambio en un cuerpo afecta a todos los demás.

El cuerpo físico tiene la menor frecuencia de vibración entre todos estos cuerpos. Esta frecuencia física de vibración se simboliza mediante círculos (○), y representa a un tipo de masa que es generada por nuestro cuerpo físico y a los sentidos de los que somos más conscientes. (Existen cuerpos más densos que nuestro cuerpo físico, pero en general son irrelevantes para nuestro trabajo y no se mencionan aquí.) El cuerpo etéreo vibra a una frecuencia mayor a la del cuerpo físico, pero menor a la del cuerpo astral. Se dice que un cuerpo que vibra a una frecuencia mayor es «más sutil». Puesto que la frecuencia de vibración es mayor, o más sutil, entrarán más vibraciones en una extensión determinada de tiempo en el mismo espacio. Esto se ilustra mediante un triángulo (△) que representa al cuerpo etéreo. El siguiente en sutileza es el cuerpo astral, representado en la tabla por un cuadrado (□). Observe que el cuerpo astral, debido a que vibra a una frecuencia mayor, está contenido dentro del cuerpo etéreo, así como del físico. (La forma está contenida dentro del conjunto de formas ○ y △) El cuerpo astral se extiende más allá

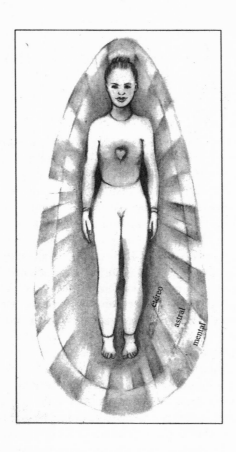

del cuerpo físico y un poco más allá del cuerpo etéreo. Asimismo, el cuerpo mental es superior en vibración al astral, al etéreo y al físico. En la tabla puede verse que la vibración del cuerpo mental, representada por la forma ★, encaja entre todas las de los □, △ y ○ debido a su mayor frecuencia en la secuencia de espacio y tiempo en relación con las otras frecuencias vibratorias inferiores. (Existen cuerpos superiores que vibran a una frecuencia mayor. No obstante, no se incluyen en la tabla, porque no se utilizan de manera consciente durante el trabajo con cristales.) Si analiza la tabla, puede ver que el cambio de una frecuencia de vibración afecta a todas las demás, porque están entrelazadas unas con otras. Un cambio en una afecta a las demás.

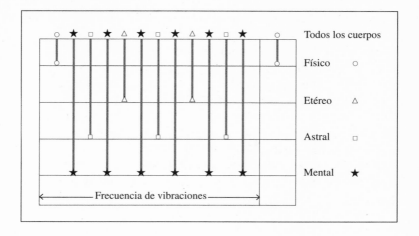

Por consiguiente, en el trabajo con cristales de cuarzo podemos actuar sobre un cuerpo sutil para afectar al cuerpo físico.

También puede verse que los términos «viaje astral» y «viaje fuera del cuerpo» pueden malinterpretarse. Cuando se está en esos estados de conciencia, la sensación que se experimenta es más bien la de viajar o desplazarse por el espacio. Sin embargo, al contrario de lo que sucede en la sensación de «viajar», en realidad no se va a ninguna parte, porque el cuerpo astral está contenido dentro del cuerpo físico. Más que viajar a algún lugar, lo que usted hace es expandir su conciencia y su centro. Llega a ser consciente de impresiones diferentes a las del plano astral. Entonces, como las sensaciones físicas, esas impresiones se convierten en el contexto al partir del cual se opera. Éste es el método principal para trabajar astralmente con cristales. Los viajes astral y fuera del cuerpo hacen referencia a mantener la conciencia en el cuerpo astral o en otro cuerpo, y a viajar utilizando ese cuerpo. Aquellos que cuentan con esta conciencia superior, están en condiciones de viajar hacia su nuevo lugar astral, o a otro sitio, y de aparecer luego también en el lugar correspondiente en el plano físico. Esto es algo que la mayoría de los trabajadores con cristales realizan muy raras veces. La mayoría de ellos se limitan a trabajar en el plano astral en un cuerpo astral y luego regresan al cuerpo físico en el mismo lugar en el que comenzaron. No obstante, usted puede ver cómo esto podría hacerse conociendo la verdadera interrelación de los diversos planos y cuerpos sutiles y físicos.

Ahora que ha visto cómo se interrelacionan los diversos cuerpos y universos, ¿cuáles son sus características singulares? En primer lugar, debe recordarse que los cuerpos son esencialmente vibración. Cada cuerpo de un plano particular es un conglomerado de las vibraciones generales de ese plano unidas por una fuerza de conciencia particular. (Esto también se cumple en el plano físico.) Se considera que esa fuerza de conciencia tiene límites, márgenes o características diferenciados que la distinguen de lo que la rodea. Es como ser un subconjunto de un conjunto mayor. De este modo, la fuerza de conciencia congrega un cuerpo a su alrededor en un plano particular, con todas las características de ese plano porque es lo mismo que ella. En otras palabras, un cuerpo es como un «trozo» de un mundo. Para quedarse con un «trozo» de un mundo, un cuerpo debe retener de él cierta sensación de diferenciación. Por consiguiente, el cuerpo o «individuo» no es consciente de todo lo que comparte con su universo, o ya no sería capaz de experimentar su diferencia. Esta experiencia de diferenciación no reduce las características compartidas con el plano correspondiente, sino que sólo inhibe el uso de aquellas peculiaridades debidas a la falta de concentración en ellas. Ése es el motivo por el cual no es consciente de inmediato de todas las características del plano sutil contenidas dentro de usted; para lograrlo, antes debe liberarse de algunas suposiciones profundamente arraigadas acerca de lo que es o no «real».

Esto le ha sido explicado mediante una serie de razones: En primer lugar, al considerar este proceso y ver gran parte de él en usted mismo comenzará a abrir su conciencia. A medida que su conciencia se expande, comenzará a ser consciente en otros planos además del físico. Esto será útil no sólo en términos de esclarecimiento general, sino que le dará más ideas acerca de cómo podría efectuar su trabajo con cristales, u otros trabajos metafísicos o curativos. Asimismo, no se asustará si al realizar este trabajo, o cualquier meditación u otras prácticas, comienza a tener experiencias fuera del cuerpo. Dispondrá de un contexto que le permitirá entender esta experiencia y hacer uso de ella.

En los apartados siguientes se explicarán con mayores detalles cada uno de los planos. Las descripciones serán principalmente sobre el plano en sí. Como se explicó anteriormente, recuérdese que la descripción del plano físico se extiende a su cuerpo correspondiente. También se aclararán todas las características relevantes del cuerpo.

Cuando usted, sin esfuerzo y de manera continua, se instale en esta conciencia y actúe a partir de ella, estará en condiciones de trabajar perfectamente con los cristales de cuarzo... o con cualquier cosa.

En última instancia, usted no es más que la conciencia en sí misma.
Cuando, sin esfuerzo y de manera continua, se instale en esta conciencia y actúe a partir de ella, estará en condiciones de trabajar perfectamente con cristales de cuarzo... o con cualquier cosa.

El cuerpo etéreo

El cuerpo etéreo, fácilmente confundido con el cuerpo astral, se proyecta unos seis milímetros más allá de la piel. Su aura puede proyectarse varios centímetros más allá de él, en general no más de unos treinta centímetros. Sin embargo, con ciertas prácticas, vitalidad incrementada y/o colocación de cristales sobre el cuerpo físico, el aura puede extenderse al menos otros treinta centímetros y, a veces, más. El cuerpo etéreo es un duplicado perfecto del cuerpo físico. Este cuerpo no es un vehículo separado de la conciencia del cuerpo físico. No obstante, es completamente necesario para su vida. El cuerpo etéreo recibe y distribuye las fuerzas vitales que emanan del sol y, por consiguiente, resulta vital para la salud física. Las fuerzas vitales que interesan a este cuerpo son la energía kundalini y el prana o fuerza vital. (Sin embargo, la kundalini y el prana no son exclusivas de este cuerpo, sino que se sabe que afectan a todos los demás.) También el cuerpo etéreo trabaja con casi todas las fuerzas físicas más conocidas, es decir, la energía magnética, la luz, el calor, el sonido, la atracción y la repulsión química, y el movimiento.

El prana o vitalidad es acumulado, filtrado y distribuido por los chakras etéreos o centros de energía a través del cuerpo en varios canales o senderos de energía para ser el impulso controlador que pasa por sus centros nerviosos. Esto mantiene vivos a los cuerpos etéreo y físico. El cuerpo etéreo actúa como un puente de doble sentido entre los cuerpos físico y astral. Los chakras etéreos llevan hacia la conciencia física cualquier cualidad inherente presente en los centros astrales correspondientes. A través de este puente se llevan los sueños a la conciencia cuando uno despierta. También, por medio de este puente, los contactos sensoriales físicos se transmiten a través del «cerebro» etéreo hacia el cuerpo astral. Del mismo modo, la conciencia del cuerpo astral y de otros cuerpos superiores se transmite hacia el cerebro y el sistema nervioso físicos. Cuando usted comienza a expandir de manera automática su conciencia mediante el trabajo con cristales, estos sistemas sutiles despiertan y se incrementan. Como puede verse, es con este cuerpo y sus sistemas que usted trabaja en relación estrecha con sus cristales de cuarzo. Por consiguiente, ahora se explicará más en profundidad la energía kundalini y el sistema de chakras. Se incluirán ejercicios para desarrollar la aptitud para experimentar y trabajar conscientemente con estos sistemas de energía. Esto mejorará en forma notable su trabajo con cristales, abriéndole amplias áreas de posibilidades.

Chakras, ida y pingala, sushumna

En el cuerpo etéreo hay siete centros de energía, que también tienen sus contrapartidas astrales. Estos centros reciben el nombre de chakras, que significa rueda o disco giratorio. Parecen ser vórtices de energía o materia sutil de forma circular, que giran con rapidez. Los chakras son puntos de transformación de energía, que absorben, filtran y distribuyen vitalidad, tanto hacia el cuerpo etéreo como hacia el físico. Cuando los chakras son estimulados y se abren, transforman las frecuencias de energía lle-

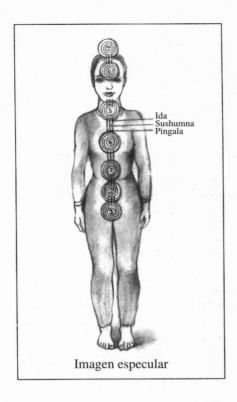

Ida
Sushumna
Pingala

Imagen especular

vando hacia la conciencia física las cualidades inherentes asociadas a cada una de ellas. Esto se traduce en comportamientos
diferentes, en diferentes estados de salud y en diferentes niveles
de conciencia.

Existe un canal de energía central que recorre el cuerpo sutil
conectando todos los chakras, desde el primero hasta el séptimo
o chakra de la corona o coronilla. Este canal recibe el nombre de
sushumna y corresponde aproximadamente a la columna vertebral
en el cuerpo físico. A lo largo del lado izquierdo del sushumna
se halla un canal de energía femenina, o energía de la luna, llamado ida, de carácter receptivo. A la derecha del sushumna se halla
el pingala, un canal de energía masculina, o energía del sol, más
exterior.

Obsérvese que todos los cuerpos tienen en ellos energías
masculina y femenina. Esto se refiere al flujo de energía natural-

mente circular que ambos reciben y manifiestan. No alude a su masculinidad o femineidad, que por etiquetas sociales se asocian a ciertas formas de comportamiento.

En el trabajo con cristal de cuarzo operamos directamente con el ida, el pingala, el sushumna y los chakras: al incidir en ellos, de inmediato incidimos en la totalidad de los cuerpos físico, mental y emocional. La mayor parte de las enfermedades y de otros problemas son el resultado de algún bloqueo o desequilibrio de los chakras, del flujo de energía masculino/femenino o de la cuerda central de energía. A medida que vaya haciéndose más consciente, podrá ver o sentir dónde residen los equilibrios y corregirlos. Cuando experimente con los chakras y llegue a estar más familiarizado con sus cualidades, estará en condiciones de estimularlos o de abrirlos con sus cristales, llevando esas cualidades hacia el cuerpo de la persona con quien esté trabajando (incluido usted mismo). En general, la gente no tiene abierto ninguno de los centros superiores, por lo que desconoce las cualidades asociadas a ellos. Para corregir esta situación, usted querrá abrir los centros de los chakras superiores, desde el corazón hacia arriba. Utilice el corazón como el centro o punto de equilibrio. Proceda a realizar esto de manera gradual, utilizando siempre sus sentidos intuitivos, o voz interior, para que le permita saber qué cantidad de energía es adecuada para usted.

Cuando abra todos los chakras con sus cristales, también deberá estar lo bastante consciente como para mantenerlos equilibrados entre sí. Sea responsable cuando trabaje. No trate de dirigir un flujo de energía hacia los chakras a menos que pueda ver, sentir o percibir ese flujo. Para hacer esto no confíe sólo en la comprensión intelectual. Debe saber lo que está haciendo, utilizando su experiencia directa, o puede llegar a desequilibrarse usted y/o a otros y a obstaculizar más que ayudar. Para conseguir conocer cada centro, puede sentarse en silencio y en actitud meditativa y centrarse en ellos. Registre mentalmente todas las impresiones, sentimientos y otra información que reciba. A continuación se ofrece una descripción de los siete centros, su localización y los atributos asociados a cada uno de ellos. Seguidamente, se incluyen prácticas que le permitirán abrir cada centro. Experimente esto con usted mismo antes de utilizarlo con otros.

El último capítulo sobre curación contiene más información sobre el trabajo con los diversos chakras de energía.

Descripción de los chakras

Existen diversas descripciones de los sistemas de chakras, tanto en los antiguos textos yóguicos y tántricos, como en las versiones modernas. En lugar de abrumarle con la gran variedad de información disponible, aquí se presenta una exposición más simplificada de este sistema. Para que le resulte de alguna utilidad, debe basarse en la experiencia. En primer lugar, conozca su estructura básica. Luego utilice sus cristales para meditar y trabajar con esa estructura. Cuando haga esto, en forma gradual se le revelará el sistema completo de manera intuitiva. Mientras tiene en mente el sistema básico de energía etérea, si decide intuitivamente agregar o variar algo, hágalo. Compruebe sus resultados. Esté en el momento. No insista ciegamente en que ciertos senderos o relaciones siempre deben dirigirse de un modo determinado. Podría no ser así. Cada persona, usted incluido, se halla en un grado diferente de salud y evolución psíquica, física, emocional y mental. Cuando trabaja con cada una de ellas, su tarea consiste en advertir qué partes del sistema de energía sutil parece predominar y/o necesita tratar en cada momento de su trabajo. Si ha memorizado un sistema elaborado del que no es empíricamente consciente, puede llegar a quedar atrapado en el dogma. Será incapaz de realizar un trabajo efectivo de manera espontánea. El que se presenta aquí es un sistema en el que parecen estar de acuerdo la mayoría de los diversos textos y con el que podrá trabajar fácilmente.

El primer chakra reside en las inmediaciones de la parte inferior de la columna vertebral. El nombre antiguo que se daba a este chakra es el de Muladhara. Es aquí donde reside la energía kundalini y a veces se lo menciona como la «sede de la kundalini». Este centro se ocupa principalmente de la supervivencia básica y el color asociado a él es el rojo. La mayoría de las veces, cuando se efectúa algún trabajo de cristal con este centro es porque allí se centra una enfermedad física específica que requiere curación, o el trabajo se realiza para estimular y aumentar la fuerza kundalini, o porque la persona necesita conectar con la tierra. Al margen de eso, la gente en general ya está muy centrada allí y no necesita más estimulación en esa zona.

El segundo chakra es el llamado Manipura, o centro del bazo o del sexo, según el texto que se consulte. Su localización corresponde aproximadamente a la zona de los órganos sexuales. El color asociado a este chakra es el naranja. El segundo chakra se ocupa del impulso sexual y de la creación en un nivel menos sutil que los demás centros. Este centro, como el primer chakra, en general está abierto en la mayoría de la gente. Las ocasiones en que este centro necesita ser estimulado directamente son las siguientes: cuando en él se centra una enfermedad física, cuando existen bloqueos o disfunciones sexuales, y cuando se excita el ascenso de la kundalini desde el primer chakra a través de este centro hasta el tercer chakra. También es estimulado durante algunas formas de yoga tántrico.

El tercer chakra recibe el nombre de centro del ombligo o svadhisthana. Se localiza aproximadamente en la zona del ombligo, unos cinco centímetros debajo de éste. Este chakra se ocupa de vitalizar tanto los cuerpos físicos como los etéreos. Se halla en el punto en que se unen los 72.000 nervios sutiles para filtrar, transformar y distribuir energía sutil por todo el cuerpo sutil. El tercer chakra es la sede de la voluntad que ayuda a manifestar y potenciar las impresiones no manifiestas procedentes de los centros superiores. El uso de la voluntad propulsa la acción en todos los planos. Si este centro está abierto y no se halla en equilibrio con los centros superiores, las personas pueden llegar a encontrarse excesivamente preocupadas por cuestiones de poder y control.

El centro del ombligo es la fuente de energía o el centro para el bienestar físico. Todos los desequilibrios de la mente o alteraciones del comportamiento humano reflejan algún desequilibrio en los tres centros inferiores. El chakra del ombligo puede transformar estos desequilibrios cuando está abierto y reforzado. Este centro capacita para generar y romper hábitos y para aferrarse a un determinado curso de acción. Si el centro del ombligo es débil y no está estimulado, pueden aparecer ciertas manifestaciones físicas y psicológicas. Los síntomas físicos pueden incluir envejecimiento prematuro, falta de fuerza neurálgica y, en una vida ulterior, cáncer e insuficiencia cerebral y orgánica. Los síntomas psicológicos se producen si este centro se ve obstaculizado para transformar la energía que se dirige hacia el centro del corazón. Una persona mostrará codicia en todos los aspectos de la personalidad: por ejemplo, la compasión y otros valores humanos sólo aparecerán si aseguran mayor reconocimiento, realce egoísta del yo, etc.

El color asociado al tercer chakra es el amarillo, representado a veces como un abrasador sol amarillo. Al realizar su trabajo con cristales debe ser prudente cuando estimule este centro. La mayoría de la gente tiene abierto el tercer chakra en cierta medida, pero puede no estar equilibrada con las cualidades del corazón abierto o con la visión del tercer ojo abierto. Si lo abre más sin trabajar también con el corazón y/o el tercer ojo, puede bloquear incluso más a la persona en una posición que la obligue a tener poder y control sobre otras personas y el entorno que las rodea. Esto produce mucha desdicha e insatisfacción. A veces basta con abrir los centros superiores para que aparezca la fuerza de voluntad necesaria para el trabajo metafísico y con cristales, junto con una disminución de la necesidad psicológica de detentar poder sobre la gente. El desarrollo de este centro ayuda a sintonizar con el plano astral. También ayuda a manifestar en el plano físico lo que se ha visto en los planos sutiles. El sonido asociado a este centro es JU y su mantra es JARA. (Véase el ejercicio para abrir el tercer chakra, p. 76.)

El chakra siguiente, o cuarto chakra, recibe el nombre de Anahata o centro del corazón. Corresponde a la zona que se localiza en el centro del pecho, entre los dos pezones o tetillas. El color del cuarto chakra es el verde, aunque muchas veces en el trabajo con cristales se utiliza un color rosado. A veces el color rosado se considera vinculado al aspecto emocional del centro del corazón, mientras que el verde representa al chakra en sí. Como en todo trabajo con cristales, utilice la discreción. El sonido asociado a él es «A» como en «mamá». Un mantra que suele asociarse a este centro es RAMA. En su sentido inferior, éste es el centro de la emoción. Si alguien tiene problemas por ser muy emotivo, es necesario trabajar con el centro del corazón. Por ejemplo, si una persona se siente «ahogada» en la tristeza, podría utilizar una piedra rosa para masajear este centro o emplear una piedra verde para fortalecer el centro del corazón. Cuando haga esto, tal vez quiera abrir el centro de su tercer ojo y conectarlo con el centro de su corazón para ayudarle a canalizar hacia arriba parte del exceso de energía «triste». En el sentido superior, el cuarto chakra se asocia al amor y la compasión. Cuando se activa este centro, usted llega a ser consciente de los sentimientos emocionales de los demás y se identifica con todos los seres, comprendiéndolos instintivamente. El chakra del corazón es el lugar del equilibrio. Es el punto de unión del flujo de energía etérea entre la tierra y el cielo que se utiliza en la curación. (Véase ilustración, página 68.)

El quinto chakra es el centro de la garganta. El antiguo término para referirse a él es visudha. Se localiza en el centro etéreo, en un lugar que corresponde a la zona del centro de la garganta. El color asociado a él es un azul cielo o claro, o un turquesa. El sonido asociado a este chakra es OOO o JU. Cuando el chakra de la garganta está abierto, se obtiene la capacidad de oír y llevar a la conciencia física sonidos procedentes de los planos sutiles etéreo y astral. Esto recibe el nombre de clariaudiencia. Se obtiene la capacidad para oír la verdad de los planos superiores y para comunicarla en el plano físico. Es cuando este centro se halla abierto que usted puede oír lo que hace con sus piedras. Cuando el centro de su garganta se abra y comience a hablar de lo que oye, escuche atentamente para saber cuándo resulta apropiado hablar. No hable cuando la gente no esté en situación de escuchar. Esto suele requerir mucha paciencia. El chakra de la garganta es el centro a través del cual el corazón conecta con la cabeza (o el tercer ojo). Para estar equilibrado, es necesario establecer esta conexión. Los dolores de cabeza o la tensión en la mandíbula, los hombros y/o el cuello suelen ser signos de que el chakra de la garganta está bloqueado. En su trabajo, la compasión y la sabiduría deben ir unidas para poder ser comunicadas.

El siguiente es el sexto chakra o ajna. A veces recibe el nombre de tercer ojo. El sexto chakra corresponde al punto entre las cejas en el centro de la frente. El desarrollo o apertura de este centro provoca las aptitudes de clarividencia. Cuando el tercer ojo se abre, los poderes intuitivos se desarrollan plenamente. A veces puede comenzarse teniendo visiones de colores, personas y lugares fantásticos. Éste es el centro de la visión astral.

Puede empezar viendo claramente las relaciones de causa y efecto de acontecimientos y personas. Usted desarrolla una sensación de máxima perfección de la vida, aun cuando también ve la necesidad de contribuir a cambiar lo que parece imperfecto en otro nivel. Desarrolla sabiduría.

El tercer ojo abierto le envía hacia un estado de omnividencia mística, de conciencia omnisciente. Esta experiencia gozosa está más allá de toda descripción y de toda comprensión racional. En este estado, usted sabrá naturalmente qué hacer con sus cristales. Concéntrese en lo que le gustaría hacer con las piedras y se le revelará el mecanismo. Sea prudente cuando abra el tercer ojo. Si estimula demasiada energía en esta área sin equilibrarla con los demás centros, puede generar dolorosos bloqueos de energía. También podría tener experiencias que es incapaz de integrar utilizando la «sabiduría» de los otros centros. Hasta podría llegar a resultarle muy difícil operar en la vida cotidiana. A veces, quizá necesite cerrar ligeramente este centro y trabajar para abrir más los centros del corazón y de la garganta. Como en todo trabajo con cristales, *¡el equilibrio es la clave!* El chakra de la corona se localiza en el centro de la parte superior de la cabeza en las mujeres. En los hombres, este centro se localiza un poco más hacia adelante de ese punto. A veces se siente como si rondase sobre la parte superior de la cabeza. Su antiguo nombre es Sahasrara y a veces se lo llama el centro de los mil pétalos. Su color es el púrpura, aun cuando al estar concentrado en el centro de la corona a menudo usted pueda parecer inundado por una luz dorada. Puede visualizar mejor esto como un gran resplandor sobre la parte superior de la cabeza. El sonido asociado a él es «MMM» y cuando usted emite ese sonido hace que ronde encima de la parte superior de su cabeza. El otro mantra o sonido que puede utilizar es «AUM» u «OM». Cuando este centro se abre, usted parece llegar a ser uno con el universo. No tiene la sensación de estar abandonando su cuerpo: sólo experimenta la sensación de ser uno con todas las cosas. No hay nada que le separe de ellas. Es una sensación de éxtasis, de dulce éxtasis. No existen palabras adecuadas para describir este estado de conciencia.

El chakra de la corona debe estar abierto durante el trabajo de curación con cristales o en cualquier tarea curativa que realice. Es el centro a través del cual puede alcanzar una sabiduría y un conocimiento superiores. Este conocimiento se filtra descendiendo a través de los demás centros cuando comienza a manifestarse en alguna forma. El centro de la corona también deberá estar abierto, a fin de que la energía con la que usted trabaja pueda entrar por la parte superior de su cabeza, filtrarse a través de los centros superiores y llegar hasta su corazón: entonces fluye hacia afuera en todos los modos que debería manifestar, utilizando los diferentes centros. También deberá tener abiertas las plantas de los pies y el chakra de la parte inferior, que le conecta con la tierra. Haga que esa energía se una en el corazón con la energía de los chakras superiores. (En el capítulo sobre curación se habla de este flujo de energía.) Ahora tiene un círculo continuo desde el corazón hasta la parte superior de su cabeza, y desde la parte superior de la cabeza hacia el corazón. Este flujo de

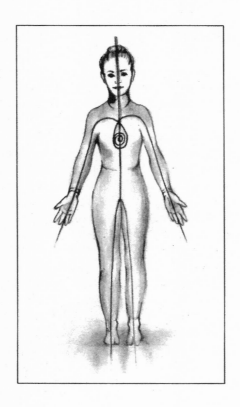

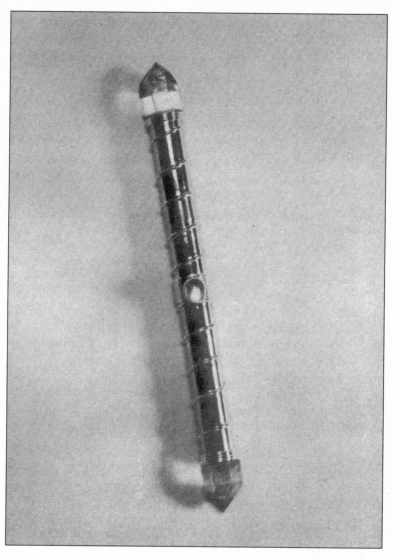

Dorje de cristal de cuarzo para trabajar con un flujo de energía de doble sentido. De cobre y plata de ley.

doble sentido se simboliza mediante triángulos dobles: el sello de Salomón y la estrella judía. Un triángulo apunta hacia arriba, el otro apunta hacia abajo. El *dorje* funciona del modo siguiente: La energía llega por un extremo y sale por el otro, y entra por esa punta y sale por la opuesta. Un cristal de dos puntas o biterminado genera también este flujo de energía de doble sentido.

Con el chakra de la corona, el paso de energía en dos sentidos se establece cuando el centro se abre. En los recién nacidos está muy abierto. (El punto blando de la cabeza es el lugar en que se halla el centro de la coronilla.)

A continuación se incluye una meditación que puede efectuar para experimentar ese flujo de energía de doble sentido. Esto contribuirá a canalizar toda la información que debería necesitar para realizar el trabajo con cristales de cuarzo. Para hacer este ejercicio, puede utilizar un cristal biterminado o un *dorje* de cristal. Un *dorje* de cristal es como una varita con un cristal en cada extremo, apuntando en direcciones opuestas. Es una réplica del flujo de energía de doble sentido en el cuerpo sutil. Aún mejor, utilice un *dorje* de cristal con un cristal transparente y uno opaco. El cristal transparente corresponde al centro de la coronilla, y el opaco, al primer chakra. Sosténgalo a la altura del corazón. (Véase diagrama.) Si no tiene un *dorje*, utilice un cristal transparente encima de la cabeza apuntando hacia afuera desde el chakra de la corona, y uno opaco cerca de la rabadilla apuntando hacia abajo, o debajo de los pies apuntando hacia el suelo, generando un *dorje* fuera de su cuerpo. (Esto puede hacerse mejor tendido de espaldas.) Una herramienta *dorje* es una réplica de ese flujo de energía.

EJERCICIO PARA ABRIR UN FLUJO DE ENERGÍA DE DOBLE SENTIDO

Permanezca sentado, de pie o acostado de espaldas con la columna vertebral recta. Céntrese y conéctese con la tierra. Ahora, haga unas respiraciones, aspirando y espirando de manera profunda y prolongada, y concéntrese. Respire por la nariz.

La próxima vez que inhale, imagine que aspira la tierra a través de la parte inferior de la columna vertebral, y luego llévela hacia el corazón. Déjela dar vueltas en el centro de su corazón en el sentido de las agujas del reloj. Déjela dar vueltas un par de veces y luego envíela hacia afuera por la parte superior de la cabeza al espirar. Continúe haciendo esto durante al menos un minuto. Finalmente, aspire desde la tierra, mézclela en el corazón, espire a partir de la parte superior de la cabeza y sienta que la corriente desde la parte superior de la cabeza continúa, sin interrupción.

Ahora, del mismo modo, comience a aspirar por la parte superior de la cabeza, descendiendo a través del cuerpo hacia el corazón. Deje que la energía dé dos vueltas dentro del corazón en el sentido de las agujas del reloj. Luego espire, expulsando la energía por la rabadilla hacia la tierra. Continúe respirando de esta manera durante un minuto como mínimo, como hizo en la primera parte. Ahora haga una respiración profunda por la nariz. Aspire por la parte superior de la cabeza, mezcle la energía y hágala dar vueltas en el corazón. Luego hágala descender por el cuerpo hasta que salga por la rabadilla hacia la tierra, sin interrupción. Imagínela yendo hacia la tierra hasta que diga basta.

Ahora aspire a través de la parte inferior de la columna vertebral, lleve la energía hacia arriba, hágala dar vueltas en el corazón y espire, expulsándola por la cabeza. Luego, invierta el proceso. Aspire energía por la cabeza, hágala dar vueltas en el corazón y expúlsela a través del primer chakra. Continúe con este proceso de invertir el sentido de la respiración. El *dorje* o cristal biterminado que sostiene a la altura del centro de su corazón le ayuda a mantenerse equilibrado. Ahora pruebe a dar vuelta el *dorje* en la otra dirección, con el cristal opaco apuntando hacia la parte superior de la cabeza y el cristal transparente apuntando hacia abajo. O ponga el cristal opaco encima de su cabeza y el transparente debajo de los pies o apuntando hacia abajo desde la rabadilla. Continúe respirando, primero en un sentido y luego en el otro. Esto es como ponerse patas arriba, invirtiendo el flujo de energía. Este ejercicio es muy equilibrador, curativo y energizante.

Existen otros chakras o puntos del meridiano de energía de los que aún no se ha hablado, algunos de los cuales se utilizan, en tanto que los restantes no suelen usarse. Los primeros y más evidentes son los puntos de energía que se hallan en la planta de los pies. Cuando hablamos de conectar con la tierra desde los pies, o de estar vinculados con la tierra, o de la energía que procede de la tierra, ésta entra a través de esos puntos del meridiano. Imagine un lugar o una abertura justo en el centro de la planta de su pie. Ese es el lugar en que se halla este punto del meridiano.

Otros chakras se encuentran en el centro de las palmas de las manos. En los textos antiguos, estos puntos solían representarse como un ojo en el centro de la palma. Usted puede canalizar energía desde cualquier otro punto del chakra a través de la palma de la mano. El flujo de energía curativa también puede circular a través de estos meridianos.

Existen más puntos de chakras aparte de los que he mencionado y es bueno ser consciente de ellos. Pero no es necesario que los utilice en un nivel consciente para el trabajo con cristales. Hay un chakra o vórtice de energía a 180 centímetros aproximadamente debajo de nosotros en la tierra. Hay otros también encima de la coronilla. Éstos son los chakras octavo, noveno y décimo. Si decide familiarizarse con esos chakras superiores, primero abra el centro de la corona y luego céntrese más alto, unos 90 a 180 centímetros aproximadamente hacia arriba. Después manténgase centrado más alto y le llegará información sobre esos puntos, o bien los percibirá.

En el trabajo con cristales de cuarzo no hay ninguna necesidad específica de trabajar con estos centros superiores. Puede hacer todo lo que desee trabajando con el sistema simple de los siete chakras.

Existe un punto importante a considerar cuando se trabaja con los chakras inferiores. Como se indicó en párrafos precedentes, la mayoría de la gente los tiene abiertos en cierta medida. Sin embargo, algunas personas tienen estos centros inferiores completamente bloqueados. Éste suele ser el caso cuando la persona considera que los tres chakras inferiores «carecen de espiritualidad» o son malos. Entonces, trata de ignorarlos o de cerrarlos conscientemente, deteniéndose sólo en los chakras superiores. A menudo esta persona se halla en un nivel subterráneo o a la intemperie, atribuyendo erróneamente un juicio moral a los términos que se refieren a un plano «superior» o «inferior». Superior no quiere decir mejor e inferior no quiere decir malo o peor. Estos términos se refieren sólo a la posición relativa de cada centro de energía. Sus chakras inferiores le ayudan a conectarse con la vida cotidiana. No es posible ver y aprender en los planos superiores sin conectar con la vida cotidiana.

En el trabajo con personas debe ser consciente de su objetivo. Por ejemplo, si una persona quiere ser más espiritual o desea aprender a trabajar con la metafísica, en general necesitará desviar un tanto su atención de los chakras inferiores y centrarse más en abrir los centros superiores. También, existe un sendero espiritual genuino en el que la energía sexual se encamina hacia arriba, en dirección a los centros superiores para aumentar la kundalini. Esto suele tender a cerrar los centros inferiores. Si éste es el sendero de la persona cuando trabaja con ella, usted no querrá interferir abriendo los centros inferiores. No obstante, en algún punto los centros inferiores tienen que hallarse abiertos a fin de que todos los centros estén equilibrados unos con otros. Una vez más, cuando trabaje con usted mismo y con otros, sea consciente y proceda con mucho criterio. Cada persona y cada situación son únicas.

EJERCICIO PARA EQUILIBRAR LAS ENERGÍAS MASCULINA/FEMENINA EN EL CUERPO Y ABRIR EL CENTRO DEL CORAZÓN

La energía receptiva femenina/luna fluye hacia abajo a través del canal *ida*. Este canal se halla a la izquierda del sushumna. La energía expresiva masculina/sol fluye hacia arriba a través del *pingala*, el canal situado a la derecha del sushumna. Estos canales no son físicos y existen en el cuerpo sutil. Los flujos de energía del ida y del pingala deben estar equilibrados entre sí, con el objeto de que usted reciba y envíe energía a través de su cuerpo en su trabajo con cristales. El siguiente ejercicio equilibra las energías masculina/femenina, permitiéndoles fluir libremente. Abre también el centro del corazón.

El sonido RA se refiere a la energía solar masculina. El sonido MA se refiere a la energía lunar femenina. El sonido germinal A, que se incluye en ambos, estimula el centro del corazón.

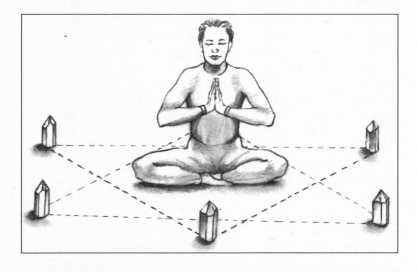

Siéntese erguido en una silla con los pies planos sobre el suelo. O siéntese en el suelo con las piernas cruzadas o póngase de rodillas, haciendo descansar el peso del cuerpo sobre los talones. Mantenga la columna vertebral recta y las palmas de las manos una contra otra, con los dedos extendidos, como si estuviese orando. Presiónelas firmemente contra el centro de su corazón mientras mantiene la posición. Esta posición de las manos comienza a equilibrar las energías sol/luna. Cierre los ojos y concéntrese en el centro de su corazón.

Aspire y espire por la nariz con respiraciones profundas y prolongadas, llenando y vaciando completamente sus pulmones. Mientras hace esto, sienta que su mente empieza a serenarse y que su concentración aumenta sin esfuerzo. Aspire cuando se sienta centrado y, mientras contiene la respiración, cante Ra durante cuatro segundos, y luego MA durante otros cuatro segundos. Espire. Continúe repitiendo esto con un ritmo continuo y sostenido. Elija un tono que parezca generar en el centro de su corazón una sensación de zumbido. Luego cante RA y MA como si el sonido entrase y saliese de ese centro. Respire como si estuviese aspirando y espirando desde su corazón. Asegúrese de mantener una presión de las manos firme y sostenida.

Haga esto al menos durante tres minutos. Cuando esté acostumbrado a hacerlo durante esa cantidad de tiempo, hágalo durante siete minutos y luego suba a once minutos. Si lo desea, puede ampliar el tiempo hasta llegar a media hora en un primer momento y después alcanzar la hora. Cuando haya terminado con el ejercicio permanezca sentado sin moverse durante unos instantes, respirando con naturalidad. Para lograr el efecto pleno, haga esto durante 30 días.

Si desea ampliar los efectos de este ejercicio, rodéese con una matriz de cristal en la forma de una estrella de seis puntas. Utilice seis cristales del mismo tamaño, uno para cada punta. Siéntese en el centro de la estrella. Durante el ejercicio, lleve puesto un collar de cristal con la piedra encima del centro de su corazón. Si va a realizar este ejercicio a lo largo de varias jornadas, lleve el collar continuamente, día y noche, limpiándolo cuando sea necesario.

Ejercicios para abrir los chakras
(Para usted mismo o para otros)

Las secuencias que se siguen para abrir los chakras son tres. La primera consiste en comenzar con el primer chakra en la base de la columna vertebral y trabajar sistemáticamente hacia arriba hasta el chakra de la corona. La segunda consiste en empezar en el chakra del corazón. Esto centrará a la persona con quien está trabajando y la mantendrá equilibrada mientras usted continúa la tarea. Después de haber abierto el corazón, proceda a hacer lo mismo con el punto del ombligo. Esto ayuda a mantener el vínculo con el plano físico, además de iniciar el desarrollo de las conexiones en el plano astral. Luego ocúpese de abrir el tercer ojo para lograr el equilibrio con el centro del corazón. A continuación, trabaje con la garganta y después con el centro de la corona. Seguidamente, se abren los chakras de la parte superior, trabajando con los chakras segundo y primero. Esta última secuencia ayuda a mantener equilibrada a la persona de manera constante entre las polaridades de la tierra y del cielo a lo largo de su trabajo. También evita la estimulación excesiva de los centros de la parte inferior antes de que estén equilibrados con los superiores. La tercera secuencia consiste en abrir los cuatro chakras de la parte superior, desde el corazón hasta la corona. Luego, si es necesario, proceda a abrir los tres chakras de la parte inferior. Es bueno utilizar estos dos últimos métodos si los centros inferiores ya están bastante abiertos o estimulados. Si la persona con quien está trabajando tiene bloqueado alguno de los centros inferiores, utilice el primer método.

Los siguientes son ejercicios que le ayudarán a abrir todos los puntos de sus chakras:

EJERCICIO PARA EL CENTRO DEL OMBLIGO

Siéntese en el suelo, con las piernas cruzadas o en una silla con los pies planos, manteniendo en ambos casos la columna vertebral recta. Apoye las manos sobre la parte superior de los muslos, cerca de las rodillas, con el pulgar

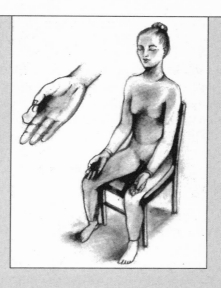

tocando el dedo índice en cada mano. Puede enfocar los ojos manteniéndolos cerrados y centrándose en el tercer ojo. O puede mantenerlos entrecerrados, mirándose fijamente la punta de la nariz. Después de haberse centrado, emita el siguiente sonido, en forma continua, durante al menos tres minutos. (Más adelante, puede aumentar el tiempo a siete, 11 o 31 minutos.) El sonido a utilizar es JA RA. Cuando diga esto, sus labios deberían estar ligeramente separados. No mueva en absoluto los labios cuando emita esos sonidos. Utilice solamente la lengua. Su lengua tocará naturalmente el techo de su paladar mientras emite el sonido «R». (El sonido JARA cambiará ligeramente cuando lo emita para que suene más como JA RU, haciendo vibrar ligeramente la «R».) Mientras dice «JA», contraiga el punto del ombligo hacia la columna vertebral como si estuviese llevando el sonido hacia afuera. Ponga fin a la contracción cuando emita el sonido RA.

Esto debería hacerse de una manera rítmica y sostenida. Deje que su voz suba y baje de volumen mientras permite que el sonido le lleve. Cuando haya llegado al final del ejercicio, aspire, contenga la respiración ligeramente y espire. Relájese durante unos minutos. Si lo desea, puede ampliar esto llevando en el punto de su ombligo un citrino amarillo o un cuarzo transparente. (Póngalo en una cadena, en una cuerda o en la hebilla de un cinturón.) Si se trata de un cristal uniterminado, el ápice debería apuntar hacia arriba. También puede sostener un cristal transparente de igual poder y tamaño en cada palma mientras mantiene el pulgar tocando el dedo índice.

EJERCICIO PARA EL CENTRO DEL CORAZÓN

Coloque las palmas de las manos juntas y tocándose por completo, como si estuviese rezando. Con ambas manos, ejerza una presión firme contra el centro de su corazón. La posición llegará a ser automática. Al cabo de un rato, no tendría que pensar en ella. Mientras está sentado derecho y relajado, sereno y centrado, sienta la presión en sus manos y concéntrese en su corazón. Este ejercicio integra en su cuerpo las energías masculina/femenina, lo cual le centra. Aspire y espire desde su corazón con respiraciones profundas y prolongadas.

Luego cante estas palabras para usted o en voz alta: RA MA. Cante estas notas desde el centro de su pecho, donde tiene colocadas las manos. Puede hacer dar vueltas al sonido RA MA desde el pecho por encima de la cabeza hasta la espalda. Luego invierta el círculo, enviando el sonido desde la espalda por encima de la cabeza hasta el pecho. Recuerde que el centro del corazón se halla en ambos lados del cuerpo, en el pecho y en la espalda. Haga vibrar el centro de su corazón con el sonido. Puede utilizar el tono que prefiera. RA se refiere al sol. MA se refiere a la luna. El sonido A es del centro del corazón. Haga este ejercicio durante tres, siete, once o treinta y un minutos. Luego aspire, espire y relájese. Si quiere utilizar sus cristales para intensificar este ejercicio, rodéese con un círculo o una estrella de seis puntas de cristales transparentes o de piedras color verde esmeralda. Puede sostener un cristal entre las palmas mientras mantiene las manos en posición. Lleve puesto un collar de cristal encima del centro de su corazón. Lleve un cristal de cuarzo rosa, verde o transparente, justo encima del centro del corazón, donde coloca las manos.

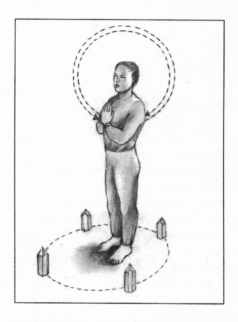

EJERCICIOS PARA EL CENTRO
DE LA GARGANTA

A continuación se ofrecen dos ejercicios para abrir el centro de la garganta. Primero, siéntese de un modo relajado con la columna vertebral derecha. Céntrese. Cierre los ojos y concéntrese en el centro de la garganta. A continuación, comience a hacer respiraciones profundas y prolongadas.

Haga que la respiración parezca entrar y salir del chakra de la garganta. Haga esto durante 11 minutos. Cuando haya terminado, siéntese durante unos instantes y conecte con la tierra.

Este segundo ejercicio puede combinarse con el primero o realizarse solo. Siéntese con la columna vertebral recta. Céntrese y cierre los ojos. Manténgase concentrado en su centro de la garganta. Cante el sonido JU. Tenga la impresión de que su chakra de la garganta vibra con el sonido. Mantenga el sonido tan alto como pueda, sin necesidad de esforzarse; luego espire antes de volver a comenzar. El ritmo debería ser continuo.

EJERCICIOS PARA EL TERCER OJO

Para abrir el tercer ojo, use una cinta de pelo de cristal con un cristal de diamante Herkimer, un cristal de amatista o un triángulo apuntando hacia arriba, o una luna de Isis sobre la cabeza de la cobra de la serpiente kundalini. Puede sentarse y aspirar y espirar desde el centro del tercer ojo, como hizo en el ejercicio de apertura del corazón, haciendo que ese centro vibre con la respiración. O cante el sonido EEE a través del centro del tercer ojo mientras se mantiene centrado en él.

La siguiente meditación de respiración abre el canal entre el tercer ojo y el corazón. Siéntese con la columna vertebral recta y cierre los ojos. Céntrese. Aspire a través del corazón y espire el aire llevándolo hasta el tercer ojo y expulsándolo desde allí. Haga esto durante al menos tres minutos. Luego aspire por el tercer ojo y espire a través del corazón. Haga esto durante la misma cantidad de tiempo que dedicó a la anterior instrucción. Sostenga en cada mano un cristal uniterminado o biterminado. El cristal puede ser transparente, amatista o dorado. Deje que los cristales descansen sobre sus rodillas. Puede abrir la mano en una antigua posición llamada gyan mudra, con el pulgar tocando el dedo índice y las palmas hacia arriba. Apoye los cristales en sus palmas. (Véase ilustración L1.) Los dos cristales deberían estar igualmente equilibrados entre sí en términos de tamaño y energía. Si lo desea, puede formar a su alrededor un anillo de cristales o colocar cristales en los cuatro puntos cardinales.

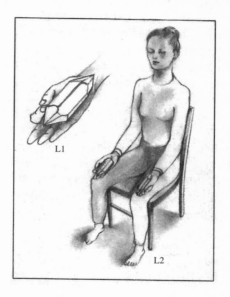

EJERCICIO PARA EL CENTRO
DE LA CORONILLA

Siéntese erguido, de una manera relajada, con la columna vertebral derecha como en el ejercicio anterior, L2. Si está sentado en una silla, coloque ambos pies planos sobre el suelo. Apoye las manos sobre la parte superior de sus piernas cerca de las rodillas. Mantenga las palmas hacia arriba y haga que los dedos pulgar e índice se toquen. Coloque un cristal herkimer transparente o una amatista en el centro de cada palma. Céntrese, cierre los ojos y comience a hacer respiraciones profundas y prolongadas por la nariz. Con los ojos cerrados, concéntrese en su centro de la coronilla en la parte superior de la cabeza. Ahora comience a hacer vibrar el centro con su respiración, mientras da la impresión de aspirar y espirar a partir de él. Mientras estimula el chakra de la corona con su respiración, visualice una luz dorada y brillante. Rodéese con ella, interna y exteriormente. Imagine que mientras alza la vista hacia su centro de la coronilla la luz blanca y dorada continúa brillando indefinidamente. Siga con este proceso de respiración/visualización durante al menos tres minutos. Ahora, mientras continúa visualizando la luz dorada comience a cantar el sonido OM. Imagine que este tono vibra en la parte superior de su cráneo. Continúe repitiendo el sonido «OM» con un ritmo sostenido. Deje que el sonido le guíe para establecer la velocidad con la que quiere repetir el sonido OM. Haga esto durante la misma cantidad de tiempo que dedicó al anterior proceso de respiración, al menos tres minutos. Puede dedicar a cada parte tres, siete, once o 31 minutos.

La energía kundalini

¿Qué es la energía kundalini y cómo se experimenta? La energía kundalini se ha descrito de muchas maneras: como la fuerza vital del universo, como la conciencia de Cristo, como el supremo potencial del hombre, como la *shakti* o fuerza creativa femenina del universo y el nervio del alma. En general, las personas que han tenido la experiencia del despertar de la energía kundalini la encuentran tan maravillosa, que no hallan palabras para expresar lo que sienten. La energía kundalini suele comenzar a manifestarse en el trabajo con cristales activando cada chakra. Cuando los chakras se abren, sus atributos pueden utilizarse en el trabajo con cristales. La kundalini puede activarse con cristales de cuarzo, que permiten experimentar la correspondiente expansión de la conciencia.

Inicialmente, la kundalini se enrolla tres veces y media en la base de la columna vertebral. Cuando despierta, se enrolla en espiral hacia arriba, perforando y activando cada chakra, y luego sale a través del centro de la coronilla en la parte superior de la cabeza. Cuando esto sucede, usted siente como si estuviese confluyendo tranquilamente en un océano de conciencia pura y dorada, que es imposible expresar con palabras. El proceso de ascenso de la kundalini se experimenta de muchas maneras. En realidad, aunque existen ciertas generalidades, la experiencia de cada persona es única. La cantidad de tiempo que tarda en producirse difiere de una persona a otra. El ascenso de la kundalini puede sentirse como calor o fuego líquido, en especial a lo largo de la columna vertebral o encima de la parte superior de la cabeza. Puede sentirse como presión o tensión, en particular cerca de la zona de los diversos chakras. Es posible experimentar mareos o estremecimientos. El proceso puede resultar temporariamente cansador para el cuerpo físico. (Por consiguiente, es necesario gozar de buena salud.) Las intuiciones aumentan. Comienzan a percibirse diversos estados de conciencia superior (y diferente), que se experimentan y entrelazan con la conciencia «normal». A veces, cuando sucede esto la persona puede tener la sensación de estar «enloqueciendo», en especial si no tiene ninguna guía externa. Sin embargo, con el tiempo puede aprenderse a integrar esto en la vida cotidiana.

Cuando la kundalini asciende, tiende a desarrollar diferentes poderes. Esto puede ayudarle en su trabajo con cristales, aunque estos poderes no suelen utilizarse ni mencionarse, a menos que usted sea guiado por su «voz interior». Utilícelos con prudencia. Estos poderes tienden a ser los de clarividencia, clariaudiencia, aptitudes de curación física, proyección astral, liberación de la enfermedad, capacidad para comunicar la verdad y enviar energía kundalini hacia los demás, así como otros igualmente milagrosos. Una persona cuya kundalini se despierta no experimenta necesariamente todos estos poderes; sólo experimenta uno o dos y ello sucede en determinadas ocasiones. Esto se debe a que la kundalini vitaliza ciertos centros más fuertemente que otros, a fin de permitirle ayudar a los demás en los modos más adecuados para usted. En realidad, la prueba de la verdad acerca de si la kundalini despierta en usted es que este despertar vaya acompañado de un impulso imperioso o irresistible de ayudar a otros. El hecho de que una persona se interese por el trabajo con cristales de cuarzo revela algunos signos del comienzo del despertar de la kundalini.

Sin embargo, el objetivo del despertar de la kundalini no es acumular poderes, por útiles que puedan ser. El propósito del despertar de la kundalini es ser capaz de vivir en un estado de conciencia superior. La aparición de poderes sirve como signo indicador de una conciencia creciente y del despertar de la energía kundalini. Es un error instalarse en ellos en soledad sin concentrarse adecuadamente en este desarrollo superior del yo interior. Eso le llevará por mal camino. Los poderes o aptitudes metafísicas no son el camino en sí mismo; son simplemente los postes indicadores a lo largo del camino. Trátelos con delicadeza, cautela y alegría.

¿Cómo se prepara para el despertar de la fuerza kundalini? Su cuerpo físico debe estar sano, en especial con un sistema nervioso y glandular fuertes. También debe haberse desarrollado suficientemente, a fin de que su centro esté fijado con firmeza en su yo superior y en su inclinación natural a ayudar a los demás. Debe haber desarrollado su voluntad para guiar esta energía y mantenerla centrada en sus centros superiores. Una vez más, el hecho de que se incline por el trabajo con cristales de cuarzo muestra cierto grado de interés por su yo superior. Su energía kundalini aumentará en forma automática mientras se apresta a recibirla. Sea paciente.

¿Qué puede suceder si se obliga a la kundalini a despertar prematuramente sin la guía y la preparación adecuadas? Algunos efectos son puramente físicos. Su movimiento incontrolado puede producir dolor intenso, e incluso lesiones físicas, cuando se abre paso a través de cualquier bloqueo físico, emocional o mental. El despertar de la kundalini intensifica todos los aspectos de su carácter. Por consiguiente, si despierta prematuramente puede intensificar cualidades inferiores como el orgullo y la codicia, en lugar de cualidades superiores que le gustaría despertar. Estas advertencias no se proponen de ninguna manera asustarle o crearle recelos respecto del despertar de la kundalini. Si surge a su propio tiempo, los resultados serán maravillosos e indescriptibles. Estas advertencias sirven principalmente para informarle de que es mejor prepararse para el despertar de la kundalini en el momento adecuado, siguiendo el curso natural en términos de su propia evolución y objetivos.

El trabajo con cristales de cuarzo estimulará el despertar de la kundalini y le preparará para ello. Sin embargo, puesto que usted no está centrado específicamente en el despertar de la kundalini, sino en el trabajo que realiza, todo despertar será natural y moderado. El trabajo con cristales le ayudará automáticamente a desarrollar su yo superior, porque si hace con las piedras algo incorrecto o malintencionado, esto se volverá contra usted. También en forma automática llegará a estar en sintonía con su propia «voz interior» mediante el trabajo con cristales. Sus acciones llegan a estar fuertemente centradas en esta sintonía interior o sincera, porque usted se siente tan profundamente satisfecho efectuando el trabajo, que éste llega a convertirse en su modo de vida. Esta sintonía natural ayudará a guiar toda apertura de la kundalini, con el objeto de que llegue a ser una fuente de crecimiento y expansión, en lugar de generar dolor o miedo.

EJERCICIO PARA ESTIMULAR LOS CHAKRAS Y PREPARARSE PARA EL DESPERTAR DE LA KUNDALINI

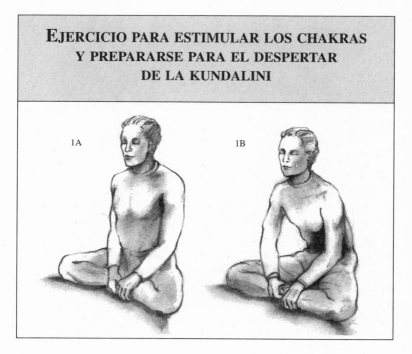

1. Siéntese con las piernas cruzadas, en posición de loto o semiloto, con la columna vertebral recta y la cabeza hacia adelante. Cójase los tobillos con ambas manos, aspire hondo mientras flexiona la columna vertebral hacia adelante y alza el pecho (1A). Al espirar, flexione la columna vertebral hacia atrás (1B). Mantenga la cabeza derecha, cuidando que no se vaya hacia atrás. No balancee las caderas hacia atrás y adelante. Repita esto 26 veces, al ritmo de una inhalación y espiración completas por segundo. Sienta el entorno a su alrededor y en el interior de su cuerpo. Relájese.

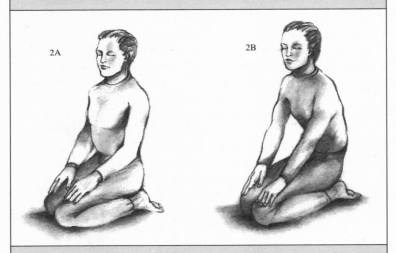

2A   2B

2. A continuación, siéntese sobre los talones. Coloque las manos planas sobre los muslos. Flexione la columna vertebral hacia adelante al aspirar (2A) y hacia atrás al espirar (2B). Piense «Sat» al aspirar, «Nam» al espirar, o «RA» al aspirar y «MA» al espirar. Repita 26 veces. Haga esto al mismo ritmo empleado en el ejercicio anterior. Descanse unos 30 segundos.

3A

3B

3C

3. Siéntese con las piernas cruzadas, cójase los hombros colocando el pulgar en la espalda y los demás dedos en la parte delantera. Aspire y gire hacia la izquierda, espire y gire hacia la derecha. La respiración debe ser profunda y prolongada, y al mismo ritmo que en el ejercicio anterior. Continúe hasta completar 13 veces y aspire mirando hacia adelante. Permanezca sentado y sin moverse de 15 a 30 segundos.

4. A continuación, cójase las manos como indica la ilustración (4A). Coloque la palma de la mano izquierda hacia afuera desde el centro del corazón con el pulgar hacia abajo. Coloque la palma de la mano derecha mirando hacia el pecho. Vuelva a poner los dedos unos contra otros, como antes. Luego cierre los dedos de ambas manos de modo que éstas formen un puño. Mantenga las manos frente al centro del corazón, a unos diez centímetros de distancia (4B). Ejerza una ligera presión, dando la impresión de estar tirando para separar las manos. Sentirá un tirón en el pecho. Lleve el codo izquierdo hacia arriba hasta el oído izquierdo, mientras aspira por la nariz. Espire mientras lleva el codo hacia abajo, al mismo tiempo que alza el codo derecho hacia el oído derecho (4C). Mientras hace esto,

mantenga las manos centradas en su corazón. Esto se parece a un movimiento de sierra. Hágalo al mismo ritmo empleado en los ejercicios anteriores. Continúe

hasta completar 13 veces y luego aspire. Después espire y por un momento empuje hacia arriba desde el ano, los órganos sexuales y el punto del ombligo. Relájese durante unos 15-30 segundos.

5. Siéntese con las piernas cruzadas, cójase las rodillas con firmeza y, manteniendo los codos rectos, comience a flexionar la parte superior de la columna vertebral. Aspire al ir hacia adelante, espire al ir hacia atrás, como hizo en el ejercicio anterior. Cuando haga esto, asegúrese de no flexionar los codos. Mantenga la cabeza mirando directamente hacia adelante. Repita 26 veces y descanse 30 segundos.

6. Encoja ambos hombros hacia arriba al aspirar y hacia abajo al espirar. Haga esto durante menos de dos minutos. Aspire y contenga la respiración durante 15 segundos, con los hombros levantados. Relaje los hombros. Una vez más, haga esto al mismo ritmo empleado en los ejercicios anteriores.

7. Gire el cuello lentamente hacia la derecha cinco veces, luego hacia la izquierda otras cinco veces. Aspire y ponga el cuello derecho.

8A

8B

8. Trabe los dedos en la misma posición del ejercicio cuarto. Manténgalos al nivel de la garganta. Tire de las manos suavemente como en el ejercicio cuarto (8A). Aspire y, mientras contiene la respiración, empuje hacia arriba con el ano, los órganos sexuales y el ombligo. Mantenga sin forzar tanto tiempo como pueda. De esta manera se forma un bloqueo, a fin de que la energía que genera no se «escape» por la parte inferior de la columna vertebral, sino que se envíe hacia arriba.

Esto recibe el nombre de traba de la «raíz de la columna vertebral» (o traba de la raíz, para abreviar). Espire y vuelva a hacer la traba de la raíz tanto tiempo como pueda sin forzar, manteniendo la espiración. Luego alce las manos, manteniéndolas juntas encima de la parte superior de la cabeza. Repita el mismo proceso de respiración: aspire y contenga la respiración sin forzar mientras tira ligeramente de las manos. Luego espire y vuelva a hacer la traba de la raíz: tire de las manos mientras mantiene la espiración. Repita este ciclo dos veces más.

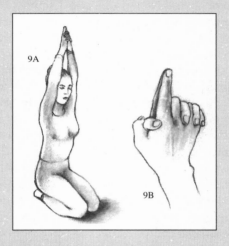

9. Siéntese sobre los talones con los brazos estirados encima de la cabeza (9A). Entrelace los dedos con excepción de los dos índices, que apuntan hacia arriba (9B). Diga «Sat» o «Ra» y empuje hacia adentro del punto del ombligo: diga «Nam» o «Ma» y reláje- lo. Continúe al menos durante tres minutos. Luego aspire y extraiga la energía desde la base de la columna vertebral hacia la parte superior del cráneo mientras tira de la traba de la raíz.

10. Relájese por completo tumbado de espaldas durante 15 minutos.

Esta serie de ejercicios trabaja sistemáticamente desde la base de la columna vertebral hacia la parte superior. Las 26 vértebras reciben estimulación y todos los chakras obtienen un impulso de energía.

Cada ejercicio que incluya 26 repeticiones puede hacerse 52 o 108 veces, mientras usted se vuelve más fuerte. Los períodos de descanso se prolongan de uno a dos minutos.

1. Si lo desea, en todo ejercicio repita en silencio las palabras Sat al aspirar y Nam al espirar. O, siempre para usted, repita las palabras RA (energía del sol) al aspirar y MA (energía de la luna) al espirar.

2. Entre uno y otro ejercicio mantenga el estado de conciencia en que se encuentra. No permita que disminuya la concentración. Estos ejercicios se efectúan en un orden particular, que permite que se produzca un proceso determinado. En este proceso cada ejercicio y el resultante estado de conciencia se complementan para producir un determinado estado mental: el de una conciencia superior. Esta conciencia no sólo le ayuda en su trabajo con cristales, sino que también genera felicidad. ¿Cómo es la conciencia que se genera con estos ejercicios? La combinación de posición, respiración y sonido (interno) establece las condiciones mediante las cuales usted es capaz de romper todo bloqueo. Esto sucede en la medida en que permanezca dispuesto y abierto, entregándose al proceso. También, se producen cambios en la medida en que mantenga el centro de atención.

3. Estos ejercicios le ayudan a romper los bloqueos mediante la organización de su cuerpo para establecer ciertos senderos de energía, colocando su mente en un estado particular de conciencia. Con ellos romperá las bloqueos que le impiden desarrollar su potencial superior, y vivir en un estado de contento y satisfacción interior.

El cuerpo astral y el viaje astral

El cuerpo astral está contenido en parte en el cuerpo etéreo y se extiende más allá de él. Cuanto más desarrollado esté el cuerpo astral, mayor será la extensión a partir del cuerpo físico. Este cuerpo tiene una frecuencia de vibración mayor que la de los cuerpos físico y etéreo, pero es menor a la de los cuerpos mental y causal. El cuerpo astral es el vehículo de las sensaciones y de las emociones. Toda vez que usted expresa una emoción está utilizando su cuerpo astral, sea o no consciente de ello. Todo sentimiento afecta instantáneamente a este cuerpo y se refleja en él. Todo pensamiento que le afecta personalmente también se refleja en este cuerpo. El cuerpo astral no sólo responde a lo que procede directamente del cuerpo físico, sino también a lo que procede directamente del cuerpo mental, consciente e inconscientemente.

A diferencia de lo que sucede con su cuerpo etéreo, usted puede habitar y usar conscientemente su cuerpo astral separado de su cuerpo físico. Esto ocurre automáticamente en el sueño. Sin embargo, la capacidad para utilizar el cuerpo astral separado del cuerpo físico en el sueño, así como en el estado de vigilia, depende de su aptitud para estar consciente en él. Para estar consciente en su cuerpo astral debe ser capaz de construir un puente o una conexión entre ese cuerpo y su cuerpo físico. Este puente etéreo le permite actuar en su cuerpo astral y permanecer consciente mientras regresa hacia su cuerpo físico. Ello le permite recordar toda la información y experiencias, además de poder comunicarlas y hacer uso de ellas en el plano físico. Cuando se ha construido el puente etéreo y se está en condiciones de permanecer consciente en el cuerpo astral, no existe ninguna diferencia entre los estados de sueño y de vigilia, o entre la muerte y la vida. Existe un flujo continuo de existencia en el cual usted está siempre vivo.

El plano astral, del cual el cuerpo astral es una parte, es todo un universo que ocupa el mismo espacio que el universo físico. Puesto que vibra a una frecuencia mucho mayor que la del universo físico, los sentidos físicos normales no están en condiciones de percibirlo. Aunque los objetos y acontecimientos en este plano son determinados y formados por la imaginación y las reflexiones de aquellos sobre él, tiene una existencia independiente al margen de la mente. Actúa de acuerdo con sus propias leyes astrales, tal como lo hace el universo físico con las suyas. Tiene luces, sonidos y colores que no existen en el plano físico. La percepción en este plano puede diferir de la percepción física y ser bastante confusa hasta que se aprende a utilizar los sentidos astrales. Usted está en condiciones de percibir este plano cuando eleva la vibración de su cuerpo y desarrolla su conciencia intuitiva, interior. Sin embargo, para estar en este plano tiene que desarrollar la conciencia de su cuerpo astral y liberarla de su cuerpo físico. Con su cuerpo astral viaja hacia el plano astral.

A través del trabajo con cristales puede desarrollar la sensibilidad hacia las emociones y luego el plano astral mismo. Para trabajar con este plano sólo tiene que utilizar su sensibilidad astral, más que su cuerpo astral. Esto se efectúa añadiendo un componente emocional al trabajo. Usted elige las emociones apropiadas, que estimularán directamente al cuerpo emocional/astral. Esto afectará indirectamente al cuerpo físico. Como se ha explicado antes, los cambios en el cuerpo astral cambiarán el cuerpo físico debido a la interrelación dinámica en un nivel vibracional. Las emociones pueden utilizarse con más facilidad cuando se trabaja con proyección de pensamientos. Cuando se proyecta una visualización o un pensamiento, también se proyecta el estado de emoción que parece más estrechamente asociado a la enfermedad. Luego se emplea la voluntad para cambiar eso. Si se cambia el estado emocional subyacente, puede curarse la enfermedad por completo o al menos contribuir a su curación.

Existen numerosas técnicas que pueden emplearse para hacer esto. No obstante, en todas ellas debe utilizar la voz intuitiva o conocimiento interior para percibir cuál es la emoción. Luego comprueba cómo la siente en su cuerpo y cambia la sensación por una más adecuada. Después proyecta la emoción modificada hacia la persona. En esencia, todo esto consiste en cambiar la vibración. (Para una explicación más detallada, véase el apartado sobre emociones.)

Aunque el trabajo con emociones puede ser muy efectivo, es posible hacer incluso más trabajando directamente sobre el plano astral con el cuerpo astral. Entonces puede trabajar directamente con el cuerpo astral de alguien utilizando su cuerpo astral. Puede entrenarse para llegar a estar dispuesto a la actividad autoconsciente en el plano astral utilizando las técnicas de lectura de cristales y de interpretación de los sueños con cristales.

La siguiente es una técnica de lectura guiada de cristales, que le permitirá desplazar su conciencia desde el plano físico hacia el astral. Esto suele llamarse «abandono del cuerpo». Mientras realice este ejercicio será guiado hacia su cuerpo astral. Pasará por cada etapa de aprendizaje para utilizarlo. Finalmente será conducido a un encuentro con un guía, que le explicará paso a paso todo lo concerniente al plano astral. Cada paso de este proceso le dará más experiencia e información acerca de cómo actuar en este reino, permitiéndole efectuar el trabajo astral hacia el que se le ha guiado.

TÉCNICA DE LECTURA DE CRISTALES PARA ALCANZAR CONCIENCIA ASTRAL

(Primero lea el capítulo sobre lectura de cristales
y practique las técnicas.)

Parte A

1. Siéntese con la columna vertebral recta, en una posición que no requiera que se centre en sostener el cuerpo o que de algún modo le distraiga de un estado de concentración profunda. Mire fijamente un cristal transparente colocado delante de usted. El cristal debería ser, como mínimo, de unos ocho centímetros de alto por unos cinco centímetros de ancho, y preferiblemente más grande. También puede utilizar una bola de cristal. Es necesario que el cristal esté muy bien iluminado. Si lo desea, oscurezca la habitación. Si quiere potenciar esta técnica de lectura, use un cristal encima del punto del tercer ojo, sostenga un cristal en cada mano y/o ródéese con un círculo de cristales.
2. Cierre los ojos y céntrese.
3. Fije la mirada con concentración relajada en el cristal que se halla delante de usted. Localice una entrada o un lugar que le interese visualmente. Mírelo fijamente desde más cerca, observando todos los detalles. Continúe haciendo esto, mientras permite que el cristal le atraiga más y más. En algún momento sus ojos querrán cerrarse naturalmente. Deje que se cierren y, al

mismo tiempo, sienta como si estuviese dentro del cristal.

4. Continúe manteniéndose concentrado en que se halla dentro del cristal. Visualícese volviéndose luminoso mientras se centra en la parte superior de su cabeza. Vuélvase más y más colmado de luz. Mientras es consciente de esta luminosidad, sienta como si estuviese volviéndose más y más ligero, tan ligero que comienza a elevarse dentro del cristal.

5. Visualícese elevándose hacia la parte superior del cristal y saliendo por la punta.

6. En su imaginación, véase elevándose hacia la parte superior de la habitación. Baje la mirada y vea su cuerpo debajo de usted. Vea la cuerda luminosa que se extiende entre usted y su cuerpo, conectándole.

7. Mire los objetos que le rodean en la habitación.

8. Ahora, utilizando su voluntad, empiece a volver a bajar hacia el cristal. Cuando esté encima de la parte superior del cristal, vuelva a introducirse lentamente por la punta hasta hallarse dentro de él.

9. Instálese en el fondo del cristal. Diríjase hacia el espacio que le rodea. Luego encuentre el acceso por el cual entró al cristal u otra salida, y salga por allí.

10. Véase regresando al lugar de la habitación en que estaba sentado. Recuerde la habitación a su alrededor. A continuación, sienta la superficie sobre la cual está sentado. Llegue a ser consciente de su respiración y, a continuación, de todo su cuerpo.

11. Conéctese con la tierra. Proceda a limpiarse, y haga lo mismo con la habitación y los cristales.

Parte B

Cuando pueda efectuar el proceso descrito en los párrafos precedentes de manera cómoda y sistemática, a partir del paso siete intercale lo siguiente: ·

1. Cuando pueda ver su cuerpo debajo de usted, la cuerda etérea que conecta sus dos cuerpos y los objetos
que hay en su habitación, entonces compruebe si su
cuerpo puede «volar» por el cuarto. Utilice su voluntad para hacer esto.
2. Practique a desplazar su cuerpo de lado a lado y luego
de arriba hacia abajo.
3. Balancee el cuerpo de atrás hacia adelante.
4. Compruebe si la cuerda de conexión se estira volviéndose más fina y larga cuando pone más espacio entre
sus cuerpos. Compruebe si se vuelve más gruesa y
más corta cuando acorta esa distancia.
5. Regrese a su cuerpo físico mediante el mismo proceso
indicado precedentemente.

Parte C

Cuando pueda desplazar su cuerpo por la habitación, de
manera cómoda y sistemática, estará preparado para realizar el proceso que se describe a continuación. Sin embargo, no pase al proceso siguiente hasta que pueda, sin vaci-
laciones o impedimentos, utilizar su voluntad para pro-
pulsarse. Si en algún momento experimenta alguna duda
o algún miedo, continúe practicando las partes A y B. No
hay ninguna prisa. Es mejor desarrollar una base muy firme antes de proseguir. Es como aprender a nadar. Primero
debe acostumbrarse al agua y aprender a mover el cuerpo
en aguas poco profundas. Sólo después de haber dominado esto, se hallará en condiciones de aprender los distin-
tos estilos de natación en aguas profundas. ¿Qué sucede-
ría si de repente se lanza a aguas profundas sin saber nada
de natación porque quería «adelantarse»? Lo mismo se
aplica al aprendizaje que se requiere para manejarse en el
mundo astral. Es un gran universo con sus propias leyes y
realidades, que deben comprenderse. Cuando esté preparado, puede comenzar el paso siguiente en este proceso:

1. Después de seguir los pasos de la Parte A hasta hallarse fuera de su cuerpo, desplace su cuerpo por la habitación (Parte B). Luego abandone la habitación. Cuando experimente el abandono de la habitación, observará que puede salir por la puerta o simplemente atravesar la pared. Una vez más, utilice su voluntad para hacer esto. Aprenderá que las barreras que hay en este universo físico no existen en el universo astral. En el plano astral puede saltar montañas y pasar a través de cualquier objeto. La fuerza y la concentración de su voluntad determinan qué es posible.
2. Ahora que ha dejado la habitación, abandone el edificio en que se halla y viaje por el barrio. Vuelva a experimentar con propulsar su cuerpo. ¿Cómo se le aparecen los objetos y la gente? Puede pasar a través de una persona sin ser advertido, a menos que ésta sea particularmente sensible. En general, los animales percibirán su presencia antes que nadie. (Recuerde que todos los planos están contenidos unos dentro de otros.)
3. Observe lo que sucede a su alrededor: sonidos, objetos, personas y acontecimientos. Obsérvelos en detalle y recuérdelos. Propóngase o desee con fuerza que los recordará cuando regrese a la conciencia física.
4. Ahora, observe el delgado filamento de sustancia etérea que conecta este cuerpo astral con el físico. Compruebe cómo se ha estirado haciéndose más delgado que cuando estaba más cerca de su cuerpo físico. Siempre está conectado a su cuerpo físico con esta cuerda.

Parte D

1. Después de haber llegado a familiarizarse con el uso de su pensamiento y de su voluntad en sus experiencias fuera-del-cuerpo por el barrio, elija un lugar en cualquier parte del planeta y transpórtese hasta allí.

Comprobará que aunque tenga que recorrer una gran distancia, puede estar allí casi instantáneamente.

2. Practique a bajar su cuerpo astral hasta el suelo y camine por el lugar.

3. Ábrase a la experiencia de escuchar los pensamientos y sentir las emociones de los demás seres que hay en el lugar. Observe, escuche y explore. En su cuerpo astral, con sus sentidos astrales, será particularmente sensible a lo que hay a su alrededor en los niveles sutiles, así como en los más densos. Utilice esta experiencia para aprender.

4. Luego emplee la voluntad para transportarse de regreso a su cuerpo físico, que descansa en el centro del cristal. Entre por la punta del cristal hasta su cuerpo. Siga el resto del procedimiento indicado en la Parte A.

Parte E

Cuando haya llegado a ejecutar la parte A con comodidad y destreza, entonces estará preparado para ascender hacia los planos astrales. Cuando entre a los planos astrales, es muy aconsejable que al principio lleve con usted una guía para familiarizarse con todos los aspectos de ese plano. Hay seres adelantados en los planos astrales (y en otros) que están allí específicamente para ayudar a quienes llegan a ellos después de dejar atrás sus cuerpos físicos en la muerte. Estos seres ayudarán a todo el que esté preparado. Si pide guía y estos seres no se la brindan, entonces usted no está preparado para desplazarse y trabajar conscientemente en el plano astral en su cuerpo astral. Si éste es el caso, continúe trabajando los pasos A a D. Comprenda que el hecho de decir que carece de preparación no es un juicio personal sobre usted. De hecho, retrasará su avance si lo toma como un juicio personal. Su cuerpo físico y su estructura mental/emocional deben estar bien preparados antes de emprender el paso siguiente. Tal vez debería examinar y esclarecer sus motivos para querer trabajar en el plano astral. ¿Quiere trabajar en el plano astral simplemente en respuesta a un deseo egoísta? ¿Se ha entregado por completo en servidumbre y amor a un propósito más elevado que sus propios deseos personales? Sea sincero con usted mismo. Esta sinceridad llegará a ser el fuego purificador que le conducirá a su propio desarrollo. Sea paciente. Cuando llegue el momento, se le aparecerá un guía.

Hay otras cosas que es útil que sepa antes de emprender el viaje astral. Mientras espera la llegada de un maestro-ser superior para que le guíe, pueden aparecérsele muchos seres astrales menores para ofrecerle su guía, además de cualquier otra información. No dé por sentado que porque un ser carece de cuerpo físico o aparece en otro plano es un «ser superior», más adelantado que usted, más consciente o de algún modo especial. No se es más consciente por carecer de cuerpo físico. ¡Recuerde, las personas que abandonan sus cuerpos siempre mueren! Pueden ser atraídas hacia usted por la fuerza de su deseo y aunque sean capaces de ofrecer ayuda de diversos modos, en realidad quizá no tengan nada para ofrecerle. O pueden resultarle perjudiciales.

Recuerde también que pueden tener la propensión muy humana a mentir, a tenderle trampas o a tratar de impresionarle, como suele hacer la gente en el plano físico. Hay otro tipo de ser en el plano astral que no es más que un cuerpo astral cuyo ocupante ya se ha marchado. El cuerpo ha «muerto» en el plano astral como «mueren» los cuerpos en el plano físico. Al quedar solo, el cuerpo se desintegrará. Sin embargo, a veces estos cuerpos son mantenidos «vivos» por los pensamientos persistentes de su anterior dueño o por los pensamientos de quienes en el plano físico creen que están en contacto con un ser. Estos pensamientos mantienen al cuerpo en movimiento y hacen que parezca estar vivo. Cualquier manifestación verbal (astral) de este cuerpo no es más que la reflexión de la conciencia o del subconsciente de aquellos que están propulsándolo, consciente o inconscientemente, con sus pensamientos. De manera inconsciente, puede atraer hacia usted a uno de esos «caparazones» con la intensidad de sus pensamientos o deseos. Cuanta más existencia le confiera con su interacción, más parecerá hablar.

Hay muchos otros seres en este plano astral, pero los dos tipos descritos son los que puede atraer en su trabajo con cristales o astral. ¿Cómo distingue entre un maestro auténtico en quien puede confiar para que sea su guía en esos planos superiores y un ser menor? Lo hace del mismo modo en que distingue entre maestros y guías en el plano físico. Escuche a su «voz» intuitiva, interior. Esta voz es la misma que escucha en su trabajo con cristales. Dará la impresión de aparecer como una sensación dentro de usted, específicamente en la zona del corazón. ¿Cómo siente el corazón? La sensación que experimentará en el corazón cuando conozca a un maestro será inconfundible. Es un júbilo que puede hacerle llorar. Se sentirá exaltado, siendo más usted. Se sentirá completamente aceptado hasta su núcleo más profundo. Esto se aplica a los enseñantes, maestros y guías, tanto en el plano físico como en el astral. Muchos pueden proclamar que son una guía para usted. Escuche a su voz interior o a su percepción interior. No se deje llevar por sus emociones, pensamientos y deseos, o por su impaciencia. (Esta información previa también se aplica al trabajo con cristales en caso de que canalice información procedente de seres incorpóreos.) Puede evitar muchos malentendidos y problemas simplemente «canalizando» información cuando la perciba revelada dentro de usted. Como dicen muchos textos antiguos sobre el tema, «usted es la fuente de toda sabiduría».

No esté a merced de ningún ser o acontecimiento al que pueda enfrentarse en el plano astral. Puede utilizar su voluntad para abandonar cualquier situación o desterrar a cualquier ser. Manténgase en un estado de calma, centrado, seguro, a fin de que su visión sea clara y el uso de su voluntad esté totalmente accesible a usted. No se pierda en el miedo o en la duda, porque resulta debilitador. ¿Qué debe hacer si cae presa de sus propios miedos o dudas? Ponga en práctica los mismos procedimientos que aplicaría en el plano físico. Comience a hacer respiraciones profundas y prolongadas mientras se concentra en el centro de su corazón. Pronuncie mentalmente el sonido «RA» cuando aspire y «MA» cuando espire. (Todos los acontecimientos y seres esperarán mientras hace esto.) Esto le centrará, le sincronizará y le equilibrará. Entonces ganará perspectiva y estará en condiciones de actuar de manera apropiada.

El siguiente es un procedimiento mediante el cual puede encontrar un maestro/guía para su trabajo con cristales en el plano astral. Haga esto después de haber llegado a viajar cómodamente en su cuerpo astral en este planeta y antes de desplazarse al plano astral.

Aplique este procedimiento después de hacer los pasos 1 a 3 de la parte A, en que usted está dentro del cristal:

Continúe manteniendo su centro en el interior del cristal. Siéntase volviendo luminoso mientras comienza a vibrar a una frecuencia cada vez mayor para hallarse a la altura del cristal. Vea al cristal llenándose más y más de luz blanca y dorada, mientras vibra a una frecuencia en continuo aumento. Sienta un hormigueo en la piel con la sensación de la vibración dentro y fuera de usted. Mientras la vibración se acelera y usted se llena más y más de luz blanca y dorada, sienta que todos sus chakras se abren al máximo, colmándole con su energía. Cuando se sienta completamente luz, continúe sentado o de pie en el fondo del cristal, aun cuando pueda sentirse como flotando hacia la parte superior. Ponga toda su atención en el centro de su corazón y, al mismo tiempo, solicite con decisión la presencia de su guía, colme su centro del corazón con todo su amor y desde allí envíe un rayo de luz rosa o verde mientras tiende un camino de bienvenida. Véalo extenderse a través de las paredes del cristal, más y más, hasta que ya no se distinga su final. Espere en este estado de receptividad hasta que vea una figura en la distancia caminando hacia usted por el sendero de bienvenida. Vea a esta figura continuar avanzando a través de las paredes de su cristal hasta encontrarse con usted dentro de éste. Sienta como si ambos estuviesen rodeados con la luz rosa/verde del corazón abierto. Hállese en íntima comunión con el ser que se encuentra con usted.

Preséntese aunque ya se conozcan, puesto que ese ser ha seguido y guiado su avance durante mucho tiempo. Pregunte a ese ser quién es y plantéele todas las cuestiones que desee. Una vez más, reitere su propósito. Confíe en sus intuiciones y escuche a su corazón. Luego, permanezca inmóvil y deje que le hablen o le guíen. Tal vez en este primer encuentro él o ella le sacará del cristal hacia el plano astral. Tal vez lo haga más adelante. No se preocupe, pues ahora él o ella le guiará a lo largo de todo el camino hasta que se halle preparado para operar en el plano astral. (Más adelante, cuando viaje en el plano astral, él o ella estará disponible para responder a sus preguntas y guiarle, si lo necesita.) En caso de que decida utilizarlos, encontrará que hay cristales astrales. Puede recibir estos cristales como un regalo, o simplemente pueden aparecérsele. Utilícelos como haría en el plano físico. Siéntase libre de formular a su guía cualquier pregunta respecto de su uso. Una vez que haya usado estos cristales en el plano astral también podrá utilizarlos cuando regrese al plano físico, reexperimentando su conexión con ellos y luego procediendo a emplearlos. Estos cristales son llamados etéreos. Visualícelos y diríjalos con su voluntad. En algún momento su guía le llevará de regreso al cristal de cuarzo. Después de determinar el mejor modo de contactar con su guía astral en el futuro, siga los pasos 9, 10 y 11 de la parte A.

*Toda la creación
está contenida
dentro de usted.*

Los sueños, la proyección astral y los cristales

Otro método que puede emplear para desarrollar la capacidad para viajar y trabajar en el plano astral es trabajar con sus sueños. Puede utilizar sus cristales para hacerlo. La capacidad para controlar sus sueños los llevará finalmente hacia el estado de proyección astral. ¿Cómo hacer que esto suceda?

El estado de sueño no sólo repone la fuerza de su cuerpo físico, sino que también restaura al cuerpo astral. En su propio plano, su cuerpo astral es casi incapaz de cansarse. Sin embargo, en el plano físico se cansa pronto del esfuerzo ocasionado por la interacción con su cuerpo físico. Por consiguiente, brinde descanso a ambos cuerpos, que permanecen separados en el estado de sueño. A menos que esté utilizando su cuerpo astral conscientemente, en general ronda en el aire encima de su cuerpo físico. Usted no está dormido, sólo lo está su cuerpo físico. Entonces usted utiliza su cuerpo astral, sea o no consciente de ello. Con algo más de conciencia de su cuerpo astral puede separarlo más de su cuerpo físico, flotando en corrientes astrales y conociendo otros cuerpos astrales, y teniendo experiencias agradables y desagradables. Puesto que no está en condiciones de tender un puente entre la conciencia desde su cuerpo astral hasta su cuerpo físico sin un descanso, en este caso sólo recordará trozos y fragmentos, o una vaga caricatura de lo que sucedió realmente. También, puede continuar pensando en su cuerpo astral, pero se halla tan absorto en esos pensamientos, que le aíslan de todo lo externo a usted.

Las impresiones que se lleva con usted al estado de vigilia son fundamental o exclusivamente las de sus propios pensamientos. Si es aún más consciente en su cuerpo astral, es capaz de andar libremente por él, recibiendo e intercambiando ideas con otros, incluidos amigos, maestros y guías, que también son conscientes en sus cuerpos astrales. Puede aprender y experimentar cosas que serían imposibles en su cuerpo físico. Estas cosas sólo se recuerdan como retazos vagos de intuición, a menos que sea capaz de permanecer consciente cuando pasa de su cuerpo astral a su cuerpo físico al despertarse.

En general, hay un período de oscuridad o de inconsciencia cuando su conciencia se desplaza de su cuerpo astral a su cuerpo físico. Durante este tiempo inconsciente, los recuerdos de sus experiencias se le escapan y sólo le quedan de ellos unas impresiones vagas o confusas, porque no se conservan en su cerebro físico. Para conservar estos recuerdos en su cerebro físico debe ser capaz de permanecer consciente durante el paso desde la conciencia en su cuerpo astral hacia su cuerpo físico. Para lograr esto debe haber desarrollado suficientemente su cuerpo astral. También debe haber abierto sus chakras, a fin de que puedan llevar todas las fuerzas astrales hacia su cuerpo físico. Debe haber elevado la frecuencia vibracional general de su cuerpo. Además, su pituitaria o tercer ojo debe estar funcionando activamente con el objeto de centrarse en las vibraciones astrales. Todos estos requisitos se satisfacen automáticamente cuando desarrolla su sensibilidad en su trabajo con cristales de cuarzo. Los preparativos para un trabajo efectivo con cristales son los mismos que para el desarrollo de ese puente entre la conciencia astral y la física, así como para todo otro trabajo astral consciente.

¿Cuáles son los preparativos? Para manejar las crecientes cantidades de energía que circularán por su cuerpo físico, su sistema nervioso debería estar reforzado y purificado. Debería tener los chakras abiertos y la energía a su disposición. Su mente debe ser capaz de mantenerse serena y centrada, y de influir de manera consciente. Debe detentar el control de sus emociones, con el objeto de poder controlarse en el plano astral. (Éste es el plano emocional.) Puede comprobar que si ha hecho los ejercicios indicados en este libro y se ha desarrollado lo suficiente para efectuar el trabajo con cristales de cuarzo de modo sensible y preciso, está en condiciones de efectuar el trabajo astral si se siente guiado.

A continuación debe construir un puente etéreo adecuado entre los cuerpos astral y físico. Este puente es una estructura de materia etérea, semejante a una red de trama muy cerrada que permite que las vibraciones de su conciencia astral y física pasen de una a otra. Una vez construido este puente, usted tendrá una perfecta continuidad de conciencia entre su vida astral y su vida física. La muerte, tal como la ha concebido e imaginado, dejará de existir.

El siguiente es un método que puede emplear con sus cristales de cuarzo para construir el puente etéreo que le permitirá recordar sus sueños. Una vez construido el puente etéreo, este método le permitirá obtener el control de sus sueños, pudiendo trasladarlos y trasladarse usted hacia los reinos astrales.

Método de trabajo con los sueños

Este método es muy efectivo, pero requiere paciencia, pues puede extenderse a lo largo de un período de meses a años. No tome atajos si quiere que el proceso funcione en su caso. No avance hacia un nuevo paso hasta que no esté bien versado en el anterior. Para desarrollar el puente etéreo que conecta la conciencia astral con la física se requiere el perfeccionamiento de cada paso. Los mejores cristales a emplear en el trabajo con los sueños y en los planos astrales son los cristales de diamante herkimer. Éste es un tipo particular de cristal que se encuentra en los alrededores de Herkimer, en el estado de Nueva York, de ahí su nombre. Son cristales particularmente brillantes y de gran transparencia, con terminaciones en ambos extremos. Si no puede disponer de un cristal de diamante herkimer, elija uno transparente biterminado, de gran brillo. Resulta particularmente agradable trabajar con cristales como éste que incluyan arco iris, pues ello sugiere en cierto modo los colores astrales. Para obtener mejores resultados, el cristal debería ser como mínimo de unos cuatro a cinco centímetros de largo. Por supuesto, si en forma intuitiva cualquier otro tamaño de cristal le parece apropiado, úselo. Si está eligiendo un cristal para este proceso, despeje su mente, céntrese y fije su atención en el hecho de que quiere utilizarlo para el trabajo con los sueños. Mientras mantiene la mente despejada y centrada, elija el cristal. Antes de utilizarlo, asegúrese de haberlo limpiado. Después de haberlo usado, envuélvalo en una tela de seda blanca, dorada, violeta o azul claro. Si no dispone de una tela de seda, puede emplear una de algodón. Guárdelo en un altar o en un lugar especial. No muestre este cristal a los demás ni deje que lo manipulen. Debe asegurarse de que vibre en estricta armonía con usted.

Primer paso: Cada noche antes de dormirse programe el cristal, a fin de recordar sus sueños por la mañana. Póngalo debajo de la almohada de manera que quede bajo su cabeza. Mientras se deja llevar por el sueño, mantenga la atención fija en un pensamiento, que debe ser el último que tenga antes de dormirse. Tenga un diario junto a la cama para anotar en él todo lo que recuerde de sus sueños en cuanto se despierte. Hágalo hasta contar con un registro continuo de recuerdo de sus sueños. (Al menos tres meses de registro continuo de sus sueños.) Puede saltarse este paso si ya registra y recuerda todos sus sueños. No limpie el cristal entre una noche y otra. De este modo, seguirán desarrollándose las vibraciones de su programación.

Segundo paso: Cuando pueda recordar sus sueños de manera constante, elija un sueño que haya reaparecido con insistencia o que haya tenido una pauta continuada. Antes de dormirse, programe en su cristal (como en el paso I) que tendrá ese sueño una y otra vez. Coloque el cristal debajo de la almohada. Mantenga el estado de concentración como cuando programó el cristal y tiéndase en la cama lentamente. Visualícese llegando a estar más y más colmado de luz dorada. Véase tan colmado con esta luz, que ésta desborda su cuerpo y sale a través de su piel. En su imaginación, vea a la luz formando una capa de unos cinco centímetros, siguiendo aproximadamente el contorno de su cuerpo. Concéntrese en esta forma de luz. Véala como algo separado de su cuerpo. No aparte su atención de esta forma mientras se deja arrastrar por el sueño. Éste es el comienzo del aprendizaje para controlar sus sueños. Continúe con este paso hasta que pueda tener este sueño particular con regularidad. Durante 40 días registre su sueño en cuanto se despierte. Esto resulta útil para construir el puente etéreo. (En el momento en que deje de tener este sueño, limpie su cristal.)

Tercer paso: Cuando pueda realizar de manera continua el paso II, limpie su cristal y prográmelo para viajar a un lugar en el que no haya estado necesariamente en sus sueños, pero sí en su estado de vigilia. Vuelva a colocar el cristal debajo de la almohada y concéntrese en la forma luminosa. Mientras fija la mirada en la forma luminosa, manténgase centrado en el lugar que le gustaría visitar en sus sueños. Haga que ese lugar sea su último pensamiento mientras se deja llevar por el sueño. Una vez más, registre sus sueños en cuanto se despierte. Limpie su cristal si tiene algún otro sueño. Reprográmelo siempre, lo haya limpiado o no. Cuando pueda visitar el lugar deseado con regularidad durante al menos 40 días seguidos, pase al paso siguiente. Comenzará a desarrollar el poder para realizar el viaje astral.

Cuarto paso: A continuación, programe el cristal para su visita a un lugar en sus sueños en el que no ha estado en el plano físico. Para programar el cristal y quedarse dormido utilice el mismo proceso del paso II. Cuando se despierte, registre sus sueños. Continúe este proceso hasta que pueda visitar ese lugar al menos 40 días seguidos.

Cuando haya dominado este último paso, se hallará en condiciones de estar en cualquier lugar o de visitar a cualquier persona en los planos astrales. Se habrá construido el puente etéreo que le permitirá moverse libremente entre los planos físico y astral sin perder el recuerdo consciente.

Como se dijo antes, para ser activo en este plano no es necesario ser capaz de transferir los recuerdos de su vida astral hacia su cerebro físico. Si durante el trabajo con cristales siente necesidad de tener un conocimiento consciente de sus acciones, puede emplear la siguiente técnica:

1. En el momento antes de dormirse por la noche, programe el cristal que de algún modo le ayudará en el plano astral mientras su cuerpo físico duerme. Visualícese o céntrese en una tarea específica, o en un modo de ayudar u ofrecerse para servir de la manera que sea necesaria. Use el mismo tipo de cristal que utilizó en el ejercicio anterior.

2. Después de haberlo programado, coloque el cristal debajo de la almohada.

3. Continúe centrándose en su intención para ayudarse a conciliar el sueño. Si la concentración fue fuerte, usted ayudará como se lo propuso en el plano astral, aun cuando no lo recuerde al despertar. Finalmente, este proceso construirá el puente etéreo a fin de que sea consciente de su vida astral.

4. No limpie el cristal al despertarse. Deje que las vibraciones asociadas a su pedido se hagan más fuertes cada vez que lo use. No obstante, si en algún momento se siente inclinado a limpiarlo, hágalo. Guarde el cristal envuelto en una tela de seda o algodón, como se explicó en el anterior método de trabajo con los sueños.

Como en sus demás trabajos con cristales, no utilice estas aptitudes astrales egoístamente o de un modo perjudicial. No se entrometa en las vidas de otros sin que se lo pidan, pues ello se volvería en su contra. Emplee la visión astral y los poderes intuitivos para distinguir entre ayuda útil e interferencia inútil. Antes de cambiar las cosas en el universo astral o físico, considere todas las implicaciones y efectos de lo que va a hacer. Compruebe si hay un objetivo superior al que se sirve mediante algún sufrimiento y/o acontecimientos. ¿Es correcto actuar para interferir? Este tipo de acción prudente y sagaz conduce a una gran sabiduría.

Ahora que ya se ha hablado del plano astral y de las técnicas para desarrollar la habilidad de actuar conscientemente en este plano, es útil, además de importante, considerar la pregunta siguiente: ¿Por qué iba a querer usted interesarse por actuar en el plano astral en el trabajo con cristales de cuarzo? Una vez que haya superado la simple curiosidad y comience a trabajar de forma creciente con los cristales, desarrolle la inclinación a ayudar a los demás. Esto sucede de manera automática, porque cuando trabaja con las piedras usted se desarrolla más. A medida que se desarrolla más, van abriéndose más sus centros superiores, incluido el centro del corazón. Cuando estos centros se abren, usted llega a poseer las cualidades de empatía, amor y compasión. También desarrolla la visión que le permite ver un modo de vivir para usted y para los demás, sin necesidad de implicar las innumerables formas de sufrimiento que existen. Vea cómo puede utilizar sus cristales de cuarzo para ayudarse y ayudar a los demás, ya sea a aliviar el estrés, curar, energizar o cualquier otro uso. Si es capaz de trabajar en el plano astral, podrá ser de inmensa ayuda para los seres que viven en ese plano, así cómo para quienes habitan en el plano físico.

Usted suele trabajar de modo mucho más creativo con mayor precisión en el plano astral que en el plano físico. En su cuerpo astral tiene un poder de comprensión mucho más profundo de lo que debe hacerse para ayudar. Tiene a su disposición más información. Es capaz de viajar a cualquier parte, conocer a cualquier maestro y recibir toda instrucción que puede emplear más adelante en el plano físico. En este plano se requiere mucha ayuda y en él se encuentran aquellos seres que sólo están dispuestos a ayudarle en su desarrollo astral si usted tiene deseos de ayudar.

Otra ventaja que brinda el hecho de ser capaz de operar en el plano astral es que se aprende de ello. Su sentido de la realidad se expande más allá de los límites que pueda haberle impuesto con anterioridad. Asimismo, su sentido de quién es y de lo que es capaz de hacer se expande literalmente de manera ilimitada. Deja de temer a la muerte, porque ha experimentado que usted existe más allá de su cuerpo físico, de su mente y de sus emociones. Puede habitar en un estado de sereno contento y satisfacción interior.

La muerte es una ilusión...
Usted siempre está aquí y ahora.

El cuerpo mental, la visualización y el pensamiento forman la proyección con cristales

El cuerpo mental se proyecta más allá del cuerpo astral y también está contenido dentro de los cuerpos astral, etéreo y físico. Este cuerpo está en movimiento incesante y cambiando de manera continua, aunque tiende a permanecer conservando una forma aproximadamente ovoide. El cuerpo mental tiene que ver con la manifestación del yo como mente o intelecto. Toda vez que utiliza el intelecto, la memoria o la visualización, está usando su cuerpo mental. Como con el cuerpo astral, puede llegar a ser consciente en su cuerpo mental y utilizarlo al margen de su cuerpo físico. También hay un plano de existencia separado, el plano mental, que es un universo en sí mismo, con sus propias leyes y apariencias. En el plano mental su mente llega a ser su vehículo, no su mente trabajando como en su cerebro físico, sino su mente trabajando al margen de la cuestión física.

El plano mental está formado por vibraciones mentales que generan sus propias imágenes. Si fuese a viajar en ese plano, esas imágenes le parecerían objetos y seres. La sensibilidad y el desarrollo de su cerebro físico determinan a cuál de estas vibraciones mentales puede corresponder. Lo que se percibe como pensamientos es la respuesta en su cerebro a estas vibraciones en el plano mental. Entonces, los pensamientos no se originan en su cerebro, sino que van y vienen en función de su receptividad. Puede experimentar este mecanismo si se centra en sus pensamientos, con la mente serena y concentrada. Para una explicación más detallada de esto, véanse los apartados sobre mente.

Cada vez que piensa, imagina o visualiza, determina una vibración en su cuerpo mental. Esto produce dos resultados:

1) ondas o vibraciones que reciben el nombre de ondas de pensamiento; y 2) formas de pensamiento. Usted utiliza las ondas y las formas de pensamiento en su trabajo con cristales cuando emplea la proyección o la visualización del pensamiento.

Visualización

Una visualización es una representación que usted construye en su imaginación utilizando una serie de pensamientos interconectados. Cada pensamiento crea un aspecto de la imagen. Cuanto más grande o más compleja sea la imagen, más pensamientos se requieren. Hacen falta concentración y una mente despejada para mantener unidos los diversos aspectos de la imagen, con el objeto de crear finalmente la visión completa. El uso de la voluntad subyace en la creación de los pensamientos, así como en la aptitud de mantenerse concentrado. La visualización en la que se concentra genera una forma de pensamiento real, que corresponde a lo que usted ve en su imaginación. También genera ondas de pensamiento. La cualidad y la fuerza de su visión y de su pensamiento determinan la naturaleza exacta de las ondas y de la forma de pensamiento.

Para visualizar, hay que tener dos aptitudes: La primera es la aptitud de mantener la mente despejada y centrada. El desarrollo de esta aptitud se trata en el capítulo 8, Entrenamiento de la mente. La segunda es la aptitud para utilizar el pensamiento con el propósito de generar las imágenes que mira internamente. Para algunos, esta aptitud llega naturalmente y para otros lo hace con alguna dificultad. El siguiente es un ejercicio de cristal que puede emplearse para desarrollar la aptitud de visualizar, si no es algo que hace ya con facilidad.

EJERCICIO DE VISUALIZACIÓN CON CRISTALES DE CUARZO

Siéntese cómodo con la columna vertebral recta delante de un gran cristal de cuarzo o de una bola de cristal de cuarzo. Si lo desea, oscurezca la habitación y coloque alguna fuente de luz detrás del cristal para iluminarlo. Cierre los ojos, despeje su mente, conecte con la tierra y céntrese. A continuación, abra los ojos y mire fijamente el cristal o la bola de cristal durante un minuto. Al cabo de un minuto, aparte la mirada del cristal y cierre los ojos. Trate de mantener en su memoria la imagen que ofrecía el cristal. Seguidamente, recuerde lo que vio. Dígalo en voz alta o díctelo a un magnetófono. Este proceso le ayudará a mantener la imagen en su memoria. Haga esto tres veces. Luego, mire fijamente el cristal o la bola de cristal durante dos minutos y vuelva a tratar de recordar el aspecto que presentaba mientras hablaba de lo que vio. Después, mire fijamente durante tres minutos, observando todos los detalles posibles, grabándose en la mente la imagen del cristal. Una vez más, compruebe qué puede recordar. Por último, puede aumentar el tiempo a diez minutos y comprobar si es capaz de recordar todos los detalles que vio en ese momento. Este proceso le ayudará a conservar en la imaginación representaciones cada vez más grandes. Ponga a prueba y remita a su memoria la visión del cristal más que una lista de pensamientos sobre él que ha categorizado en su mente. Si quiere ayudarse a conservar en la imaginación la representación de la piedra, lleve un cristal sobre el punto del tercer ojo mientras realiza este ejercicio. Puede mantenerlo allí con una mano o usar una cinta de pelo de cristal. El cristal debe apuntar hacia arriba.

Los métodos para proyectar un pensamiento o una visualización son los mismos que se utilizan para proyectar una emoción. Use su voluntad o una intención decidida, su respiración y sus cristales. En todo este libro se ofrecen métodos para utilizar la visualización. La visualización no es una simple ilusión o el producto de una imaginación descabellada. Puede llegar a ser una herramienta sumamente potente.

Como con el trabajo en el plano emocional, son muchos los modos en que pueden utilizarse los cristales de cuarzo para aumentar la eficacia de la transferencia de pensamientos o la proyección de la visualización. En primer lugar, utilizando la voluntad para proyectar el pensamiento o imagen a través de un cristal se amplía la vibración original. Esto permite viajar más a la proyección. También, la proyección de pensamiento o visualización ampliada es más fuerte, por lo que afectará más intensamente al receptor. El cristal puede emplearse para dirigir la proyección, permitiéndole viajar hacia su objetivo con mayor precisión. El cristal de cuarzo también puede usarse para ayudarle a centrarse, a fin de que el pensamiento sea más claro y la forma de pensamiento esté más completa. Esto permite una transferencia más efectiva y, por consiguiente, mejores resultados. El conocimiento del mecanismo exacto que se halla detrás de una transferencia de pensamiento y de una proyección de visualización efectivas sugerirá muchos otros usos para el cristal.

Hay algo importante a recordar en el trabajo con cristales cuando aborde emociones y pensamientos. Aun cuando esté centrado en proyectar una emoción, una visualización o un pensamiento fuera de usted, ello le afecta en cierta medida. Sus cuerpos vibrarán en armonía con lo que piensa o siente, y naturalmente debe pensar algo y/o sentirlo antes de proyectarlo.

Por supuesto, el efecto sobre su persona dura sólo lo que usted le permite, hasta que cambia la vibración de su cuerpo con un pensamiento, una visualización u otra técnica nuevos. No obstante, incluso cambiar lo que no le gusta en usted supone ser capaz de experimentarlo. Si se resiste a esta experiencia no estará en condiciones de cambiarlo. Es prudente no proyectar algo que no estaría dispuesto a experimentar.

A continuación se sugieren dos modos para utilizar los cristales de cuarzo con el proceso de visualización. Con ellos incrementará la capacidad para trabajar en el plano mental. El primero es un método mediante el cual puede aprenderse a transferir y recibir pensamientos entre dos o más personas. Este proceso a veces recibe el nombre de percepción extrasensorial. El segundo es un proceso de visualización guiada, que le sensibilizará más en relación con los cristales de cuarzo, abrirá su corazón, le permitirá comunicar con alguien en los planos sutiles y desarrollará su cuerpo sutil. Este segundo proceso de visualización le permitirá experimentar la eficacia de emplearlo como una herramienta para trabajar sobre usted mismo.

EJERCICIO 1
Transferencia de pensamientos con cristales de cuarzo (percepción extrasensorial).
Un ejercicio para dos personas

Antes de realizar este ejercicio es mejor haber leído y experimentado el capítulo sobre lectura del cristal. También hay que ser capaz de despejar la mente y mantener un alto grado de concentración. Si desea potenciar este ejercicio, lleve encima del tercer ojo un cristal de cuarzo transparente o una amatista. También puede sostener un cristal en cada mano.

1. Siéntense uno frente al otro con un cristal o una bola de cristal entre ambos, al menos a la altura de la cintura. Quizá quiera oscurecer la habitación e iluminar el cristal para facilitar la tarea de mantenerse concentrados. Antes de empezar, céntrese unos instantes en ustedes mismos. Decidan quién es el emisor y quién el receptor.

2. El receptor se mantiene en un estado mental abierto, receptivo, despejado, mientras mira fijamente el cristal o la bola de cristal. El emisor se concentra en un pensamiento o en una imagen clara en su mente, que luego se proyecta a través del cristal hacia el receptor. El emisor debería efectuar esto sólo después de hacer saber al receptor que está preparado para emitir.

3. El receptor, mientras lee el cristal, espera en actitud receptiva hasta que llega a su mente una imagen o pensamiento. No piense en esto, ni «lo explique» intelectualmente. Preste atención al primer pensamiento, imagen o impresión que acuda a su mente. Podría ser una sensación muy sutil, o una impresión clara. Sin aplicar ningún juicio a lo que ve o percibe, el receptor comunica al emisor qué es lo que recibió.

4. El emisor dice al receptor qué es lo que le envió. Comprueben los resultados. No traten de juzgar quién tiene razón y quién no. Éste no es el objetivo del ejercicio y

sólo interferirá con el desarrollo de la aptitud para enviar y recibir. El juicio supone utilizar la mente intelectual, que interfiere con esa parte de la mente que se emplea para trabajar con la transferencia de pensamiento.

5. Realicen el proceso precedente tres veces. Luego el receptor pasa a ser el emisor y viceversa.

6. Continúen efectuando este ejercicio hasta que uno de los dos sienta que desea detenerse. Cuando alguno se sienta cansado, descansen. Si se esfuerzan, sólo conseguirán agotarse, haciendo más lento el avance. Presionarse de este modo supone juzgarse. Una vez más, el juicio resulta contraproducente. Limítense a observar los resultados.

EJERCICIO 2
Experiencia de visualización individual

1. Para este ejercicio use un cristal de cuarzo transparente uniterminado o biterminado, o una bola de cristal. Siéntese en una posición cómoda y erguida. Mantenga la columna vertebral recta, a fin de que la energía pueda circular por todo su cuerpo sin obstrucciones. Cierre los ojos y céntrese en su respiración. Aspire y espire con respiraciones profundas y prolongadas, llenando y vaciando sus pulmones por completo. Con cada espiración, relaje el cuerpo y céntrese. Mantenga los ojos cerrados durante todo el tiempo en que visualiza el proceso siguiente.

2. Cuando se sienta relajado y centrado, coja el cristal de cuarzo en su mano izquierda. Sostenga con fuerza el cristal y frótelo. ¿Cómo lo siente? ¿Cuál es su temperatura? Observe todos los aspectos del modo en que siente el cristal.

3. Ahora, mientras manipula este cristal, imagínelo haciéndose más grande, saliendo de su mano y flotando

y oscilando delante de usted a la altura de sus ojos. En su imaginación vea al cristal alejándose de usted, haciéndose más y más grande. Imagine al cuarzo creciendo, convirtiéndose en el único objeto que ocupa su conciencia.

4. Visualícese acercándose más a la pared frontal de este cristal. Cuánto más se acerca, menos consciente es de sus aristas. No hay más que cristal.

5. Frote sus manos sobre la superficie de este cristal. ¿Cómo lo siente ahora?

6. Mientras frota sus manos, comience a frotar su cuerpo contra el cuarzo. ¿Cómo lo siente? Mientras se deleita en su superficie, parece fundirse gozoso con el cristal, hasta hallarse flotando dentro del refulgente resplandor dorado. Advierta un ligero frescor dentro de usted. Podría sentir una ligera brisa. Mientras flota libremente en el cristal, se siente sereno y feliz. Libérese en su imaginación, experimentando el interior de la piedra.

7. Ahora, en su imaginación, advierta que encima de usted hay luz. Véala como una luz dorada, clara y brillante. Esta luz hace que su cuerpo vibre a una frecuencia cada vez mayor. Véase llegando a estar incluso más vivificado. Sienta la luz brillante, vibrante, renovadora y hormigueante. Elévese hacia esa luz. Siga elevándose hasta que sólo haya encima de usted la luz intensa, brillante y cristalina.

8. Ahora usted vibra a una frecuencia sumamente elevada. Mientras advierte esta vibración, comience a relajarse en ella. Sea uno con la vibración y relájese. Mientras hace esto, comienza a sentir un relajamiento en su centro. Visualice su centro. Es su centro del corazón abriéndose. Visualice a su corazón como un resplandor verde de contornos rosados. El verde es suave y claro.

9. A continuación, visualice al relajamiento en su centro extendiéndose a un refulgente sendero de luz verde contorneada de rosa. Este sendero se extiende desde

su corazón más y más, y atraviesa las paredes del cristal hasta donde usted puede ver.

10. Imagine que se siente muy abierto y relajado. En esa actitud de apertura, invite a alguien con quien le gustaría comunicarse. Invítelo a compartir con usted el resplandor verde. Déle la bienvenida. Extienda su invitación a alguien de su elección, un guía, un ser querido o una persona con la que ya no se comunica y le gustaría volver a hacerlo. Ésta es su oportunidad para comunicar todas esas palabras no expresadas que le gustaría pronunciar. En todo este amor y receptividad, dé la bienvenida a ese ser al resplandor verde rosado de su corazón.

11. Ahora vea a la otra persona caminando hacia usted por el sendero gris/rosado. Mientras se acerca, también ella es contorneada por el resplandor verde. También ella se siente receptiva, relajada y confiada.

12. Dénse la bienvenida, convirtiéndose en un resplandor rosa/verde de receptividad. Aspiren y espiren desde su corazón, desde su centro.

13. Comiencen a comunicarse. Escuchen, formulen alguna pregunta y hablen. Comuníquense abiertamente. Confíen. Amen y libérense. No dejen de decirse ni se oculten nada.

14. Después de comunicarse, vuelva a ser consciente de que el verde encima de usted vibra tan rápidamente que parece estar bailando entre una multitud de partículas hormigueantes. Relájese, libérese y disfrute la sensación.

15. Mientras baila en la luz verde, despídase de la persona con quien está comunicándose.

16. Imagínela también despidiéndose y luego comenzando a alejarse de usted. A medida que se aleja más y más del cristal, llega a ser consciente de más luz verde y rosada entre ustedes. Vea que la luz verde y rosada se extiende cuando la otra persona se aleja tanto que usted ya no puede verla.

17. Sea consciente de cómo siente a la otra persona en su corazón, incluso cuando se aleja más y más. Ya no la ve, pero la siente en su corazón.

18. Déle las gracias por estar con usted. Sepa que ella le ama y que usted la ama a ella, a pesar de lo que puedan haberse dicho.

19. Ahora sienta a su corazón como un espacio relajado, abierto y vibrante.

20. A continuación, sienta la vibración en todo su cuerpo. Cuando mira en su imaginación, ve una refulgente luz dorada. Sienta la frescura de la luz sobre su piel. Es como un viento agradable, suave y hormigueante. Mientras vibra en armonía con él, advierta que parece flotar libremente en la vibración.

21. Siéntase flotando. Seguidamente, comience a descender poco a poco, dando vueltas y empezando por los pies. Mientras flota hacia abajo, la luz va volviéndose más caliente hasta que sólo hay encima de usted un suave calor vibrante.

22. Visualice sintiendo sus pies contra una superficie. Mientras llega a ser consciente de sus pies contra una superficie, ve que vuelve a estar rodeado por el cristal transparente.

23. Mientras visualiza más y más de cerca a este cristal transparente a su alrededor, de repente advierte que está delante de usted.

24. Vea la refulgente pared de cristal delante de usted. Frótese la mano sobre esta superficie refulgente. Frote su cuerpo y observe la sensación que experimenta ante el contacto con el cristal. Sienta la superficie del cristal.

25. Y ahora parece llegado el momento de abandonar el cristal, de alejarse. Mientras se aleja, ve al cristal haciéndose más pequeño. Continúe separándose más del cristal hasta verlo pequeño en la distancia.

26. Mientras lo contempla en la distancia, el cristal comienza a elevarse y a flotar hacia usted.

27. Mientras el cristal se acerca a usted, visualícese extendiendo la mano izquierda para aceptarlo.
28. Ahora llegue a ser consciente del cristal y siéntalo real en su mano izquierda. Observe la temperatura, la dureza, la tersura y las aristas.
29. ¿Cómo se siente ahora? Observe su estado mental.
30. Relájese. Mientras se relaja, llegue a ser consciente del entorno que le rodea. ¿Cómo lo siente?
31. A continuación, llegue a ser consciente de la superficie en la que se halla sentado. ¿Cómo la siente?
32. Llegue a ser consciente de su respiración y luego abra lentamente los ojos.
33. Antes de levantarse, vuelva a centrarse y a conectarse con la tierra. Observe su estado mental y emocional.

Esta visualización es particularmente potente, porque usted ha incluido sus pensamientos. Por consiguiente, no está utilizando sólo el plano mental, sino también el plano astral. Al generar determinadas ondas y formas de pensamiento, también ha generado determinados estados mentales. Estos pensamientos y emociones sólo pueden afectarle temporariamente, o pueden ser de larga duración. La duración de sus efectos depende de la intensidad de su concentración. Si estuvo suficientemente concentrado, ha comunicado realmente con el cuerpo astral y/o mental del ser con el que estuvo durante este proceso. Utilizó su cuerpo mental y/o astral para comunicar con su cuerpo mental y/o astral. Aun cuando no se haya comunicado directamente con él de cuerpo sutil a cuerpo sutil, las ondas y formas de pensamiento correspondientes a su comunicación fueron proyectados hacia él. Estas formas y ondas de pensamiento tendrán algún efecto sobre su cuerpo sutil, de acuerdo con el grado de su receptividad. Si está abierto y su concentración es fuerte, la comunicación puede llegar a su conciencia. Aunque la mente racional pueda estar diciéndole que todo esto fue imaginación, de algún modo les ha afectado a ambos de algún modo. Para más corroboración, observe la diferencia entre el modo en que se sintió antes de este proceso y la manera en que se siente después.

Receptividad, protección y escudos psíquicos con cristales de cuarzo

¿Cuál es la importancia de la receptividad en el proceso de proyectar y recibir formas y ondas de pensamiento? ¿Puede proyectarse efectivamente si el receptor no está abierto? ¿Es necesario protegerse contra la libre flotación de las ondas y formas de pensamiento que quizá no desee que le afecten? ¿Puede hacerse daño de algún modo? Y finalmente, ¿puede alguien en un momento dado proyectar cualquier cosa hacia usted? ¿No es una invasión de su intimidad?

Hay cuestiones que no suelen formularse cuando se comprende la naturaleza de los pensamientos y de la proyección intencional y no intencional. Lo más importante a recordar cuando se formule alguna de las preguntas precedentes es que ni las formas ni las ondas de pensamiento pueden afectarle, a menos que existan vibraciones en alguno de sus cuerpos capaces de responder a ellas solidariamente. Esto es así, esté o no abierto. De este modo, usted ve la importancia del autodesarrollo. Cuando se despoja de toda baja pasión y se centra en cualidades más elevadas, automáticamente su cuerpo vibra a una frecuencia mayor. Toda proyección de una naturaleza inferior con su correspondiente frecuencia vibracional menor es incapaz de penetrar a esta vibración mayor. No sólo no puede penetrar a través de la vibración mayor de su cuerpo, sino que es repelida hacia la persona que proyectó el pensamiento inferior. Así, la mejor protección contra cualquier onda o forma de pensamiento no deseada es desarrollar estas cualidades superiores de paz, amor y satisfacción. (Esto puede suceder naturalmente durante el curso del trabajo con cristales o usted tiene la opción de efectuar ejercicios específicos para desarrollarse, como se indica a lo largo de este libro.) Esta protección natural sustenta a la verdad, ya sea que la forma de pensamiento inferior esté intencionalmente dirigida hacia usted o flote libremente a su alrededor.

Si considera que no está suficientemente desarrollado o que de algún modo sigue siendo vulnerable a las proyecciones de pensamiento no deseadas, existen otras maneras de protegerse. El método más obvio de protección consiste en evitar esos entornos en los que es probable recibir las formas de pensamiento que se desea eludir. Por ejemplo, si no quiere resultar afectado por pensamientos violentos, no vaya a ver una película violenta ni se entregue a una actividad que ponga estas formas de pensamiento en el entorno inmediato o que anime a los participantes a tener pensamientos violentos. Genere activamente a su alrededor un ambiente que sea de un carácter más elevado. Para lograrlo, actúe con sensibilidad y utilice colores, sonidos, cristales, cuadros, plantas, etc. Si se siente particularmente abierto o en una situación en la cual estará abierto, puede desarrollar a su alrededor un escudo psíquico o sutil. (Muchas personas prefieren hacer esto cuando se entregan a una meditación o contemplación.) Este escudo se construye en los planos sutiles y le protegerá de todo pensamiento o emoción no deseado. Por último, si es consciente de que está proyectándose hacia usted un pensamiento (o una emoción) no deseado, puede utilizar su voluntad para resistirse a él de manera activa. Cuanto mayor sean su concentración y su fuerza de voluntad, mayor será la resistencia.

Esto trae a colación la cuestión final: aun cuando pueda estar proyectando una onda o forma de pensamiento de carácter más elevado, el receptor debe estar abierto a ella y no resistirse activamente a su proyección. Por consiguiente, en el trabajo de proyección del pensamiento con cristales, así como en la proyección emocional, es importante preparar a la persona para su recepción. Si está enviando la proyección a distancia, deje que la persona sepa cuándo se propone comenzar y terminar. Si la persona está con usted, haga que se relaje. Luego explíquele lo que se propone hacer y los resultados que pueden esperarse. Guíela hacia un marco mental receptivo. Por supuesto, si trabaja sólo con usted (como en la visualización), en primer lugar el proceso de creación del pensamiento hace que vibre en armonía con él. Es posible afectar a alguien con la proyección del pensamiento si está entregado a la ensoñación o sin utilizar la mente activamente. En general, toda proyección de pensamiento que emplee en el trabajo con cristales encontrará cierto grado de resonancia armoniosa en el receptor. Sin embargo, un estado mental neutral en el receptor no es tan propicio para el éxito de una proyección de pensamiento como un estado mental abierto, receptivo.

La siguiente es una técnica que puede utilizar para crear un escudo contra las proyecciones de pensamiento y emociones no deseadas. Este escudo existe realmente en los planos sutiles que le rodean, y protegerá sus cuerpos sutil y físico.

MÉTODO PARA CREAR UN ESCUDO SUTIL O PSÍQUICO

1. Siéntese o permanezca de pie, con la columna vertebral recta. Sostenga un cristal de cuarzo en cada mano. Si lo desea, lleve un cristal encima del tercer ojo. Esto le permitirá visualizar al escudo con mayor eficacia. Cierre los ojos y concéntrese en el punto de su tercer ojo.
2. Visualice una luz dorada y brillante que rodea su cuerpo y se extiende desde él hacia afuera en todas direcciones, hasta unos treinta centímetros. Asegúrese de rodearse con la luz por debajo de los pies y encima de la cabeza. Esta esfera de luz dorada que rodea su cuerpo ofrece una forma semejante a la de un huevo, en cuyo centro se encuentra usted.
3. Visualice que toda influencia indeseable es mantenida fuera de los límites de su huevo dorado con violentas explosiones de llama o fuego.
4. Véase permaneciendo en el centro, sereno e inalterable. Si se mueve en alguna dirección, el escudo de luz sigue rodéandole, aun cuando deje los cristales a un lado.
5. Si lo desea, lleve con usted uno o todos los cristales para recordarse y reforzar la creación y el poder del escudo.
6. Cuando ya no sienta necesidad del escudo, haga que la esfera de luz que le rodea desaparezca de la misma manera en que la formó.
7. Límpiese y haga lo mismo con sus herramientas de cristal.

MANTENIMIENTO DE UNA FORMA
DE PENSAMIENTO CON CRISTALES

Una forma de pensamiento se mantendrá viva y continuará afectando a su receptor en la medida en que haya detrás de ella algún tipo de atención. Hay momentos en el trabajo con cristales en que quizá quiera continuar un proceso particular durante cierto tiempo, tal vez en el trabajo curativo. Sería difícil, si no imposible, asistir personalmente al proceso durante todo ese tiempo. Tampoco la otra persona implicada puede estar con usted tanto tiempo. La siguiente es una técnica que puede utilizar con su cristal para mantener y proyectar una forma de pensamiento o visualización extendiéndose en la distancia y durante un tiempo determinado.

1. Consiga un retrato de la persona con quien va a trabajar. Si no lo consigue, dibuje un retrato de ella lo mejor que pueda. (No importa si el retrato no está bien dibujado o no es fiel.) Coloque el retrato sobre un altar o en algún lugar especial donde quede resguardado. Use un cristal de cuarzo con el que considere que sería bueno trabajar en este caso. Limpie el cristal antes de comenzar.

2. Permanezca de pie o sentado cómodamente, límpiese y céntrese. Ahora, concéntrese en la otra persona mientras visualiza la forma de pensamiento que desea proyectar. Vea todos los detalles y mantenga un foco claro. Mientras realiza esto, sostenga el cristal con una o ambas manos, y mírelo fijamente como si estuviese enviando la proyección a través de sus ojos.

3. A continuación, utilice la respiración para proyectar la visualización o pensamiento hacia el cristal. Aspire y proyecte al espirar.

4. Después de haber hecho esto, coloque el cristal sobre la parte superior del retrato de la persona. Utilice su voluntad para sugerir que las vibraciones del cristal que ahora representan su pensamiento o visualización

se proyectan continuamente hacia esa persona por medio del retrato. Esto sucederá continuamente, esté usted allí o no.

5. Ahora puede limpiarse y reemprender su vida cotidiana. Si en algún momento siente que la transferencia se despierta, concéntrese en el cristal desde el lugar en que se encuentre. (Utilice su intuición.)

6. Podría llevar en el bolsillo o en otra parte de sus ropas, un cristal más pequeño para acordarse de «sintonizar» con el cristal de mayor tamaño de vez en cuando.

7. Un tiempo adecuado para continuar esto es un período de 30 días. Sin embargo, puede continuarlo durante todo el tiempo que considere apropiado.

8. Cuando haya terminado con este proceso, saque el cristal del retrato y límpielo. Vuelva a limpiarse usted y haga lo que sea adecuado con el retrato.

Canalización

El objetivo de la canalización es hacer descender información desde planos más sutiles hacia este plano físico para otras personas y para usted mismo. Su propósito es servir como medio (canal) a través del cual llegue la información. Recuerde, la vocación de servicio es la clave para este trabajo, como en cualquier trabajo con cristales. Realice este proceso conscientemente y con la mejor de las intenciones.

El proceso para permitirse ser un «canal» de información es el siguiente: En primer lugar, céntrese, conéctese con la tierra y límpiese utilizando cualquiera de los métodos sugeridos anteriormente. Luego, desde el centro de su corazón, pida con devoción que se le permita servir como el instrumento a través del cual fluirá sabiduría «superior». Siéntese en silencio y sea consciente de una vibración en su cuerpo y en el ambiente que le rodea. Luego, mientras se concentra, espere una intensificación de esta vibración básica dentro y alrededor de usted. Podría sentir esto como una percepción interna, estremecimientos o calor en su cuerpo, o de muchas otras maneras. Si no percibe ningún cambio físico, ninguna sensación interna u otras alteraciones en los primeros cinco minutos, no continúe con la canalización. Puede haber algún tipo de bloqueo en sus cuerpos físico, mental o emocional que impide el libre flujo de información. Trate de vaciar su mente y de centrarse. Luego estimule los puntos de sus chakras para abrirlos. (Trate de utilizar las Series de Energía de la página 85.) Si sigue deseando ofrecerse como un instrumento, hágalo. Después, nuevamente, espere una respuesta. Si no hay respuesta, no canalice en esta ocasión.

Cuando finalmente sienta los cambios físicos o percepciones internas descritas anteriormente, estará preparado para comenzar. Hay cuatro cosas básicas que deben recordarse y con las que hay que trabajar para realizar la canalización. Primero, concéntrese en el tema o asunto sobre el que quiera recibir información. Puede ser tan amplio o específico como desee. A continuación, conéctese con la tierra, a fin de permanecer siempre consciente en su cuerpo. Algunas personas sienten como si debieran estar «controladas» por otro ser que procede a utilizar su cuerpo. Ésta es una técnica, pero es innecesaria y no se recomienda. Puesto que usted y otro ser etéreo son, en última instancia, lo mismo, otro ser en su cuerpo estará creando una dualidad donde no existe ninguna. Si, por otra parte, siente que hay otro ser en su cuerpo y quiere liberarse de él, ¡póngalo de patitas en la calle! Emplee su voluntad para conseguir que ese ser se vaya y, al mismo tiempo, envíele amor. El amor le ayudará a ser enérgico y firme. Lo siguiente a recordar es mantenerse libre de cualquier motivación y atadura personal con la información que se canalice a través de usted. Véanse las páginas 231-235 sobre ataduras. (De todas formas, ¿quién es usted?) No permita que interfieran la duda, el miedo o el orgullo. Como en todo trabajo metafísico y con cristales, las motivaciones personales contaminan la pureza del mensaje, o lo detienen por completo. *Usted es más eficaz como canal en la medida en que haya renunciado a sus ataduras personales.*

Un buen modo para medir la profundidad de sus motivaciones o ataduras personales es observar si la atención de los demás se centra en usted o en el mensaje que entrega. ¿Se siente importante, amado, gratificado, etc.? Si está completamente centrado en su yo superior o guía interior, no sentirá que no es amado, que no se gratifica, que está solo, que carece de importancia, etc. (Tampoco se sentirá importante.) Simplemente será usted. Finalmente, no juzgue la información que recibe actuando como canal. Limítese a comunicarla. Más adelante podrá comprobar la veracidad de su información.

¿Cómo se siente al hacer de canal? ¿A quién escucha? Cuando está canalizando, escucha a su voz interior o a esa fuente de verdad que hay dentro de usted. Algunas personas oirán voces y sonidos, o verán palabras escritas delante de sus ojos internos. La mayoría de las personas reciben impresiones o sensaciones sutiles que no tienen ninguna forma o configuración particular. A veces los sentimientos acompañan a estas impresiones y revelan más información. Permanezca en actitud receptiva con la mente despejada y comunique lo que son esas impresiones sutiles. Comience con lo primero que llegue a usted, aun cuando parezca provisional. Mientras continúa con el proceso, estas impresiones irán haciéndosele más rápidas y claras.

La sensación que tiene cuando canaliza es como si la información o las impresiones fluyesen a través de usted. A veces podría parecer que utiliza su imaginación. Entonces, tiende a invalidar lo que piensa por considerarlo «mera imaginación». No se preocupe por esto. Siempre que lo que está canalizando corresponda o resuene con su verdad interior, lo que usted dice es cierto. De todas formas, la imaginación se desarrolla sobre una verdad del plano sutil. *Habla de algo que resuena en armonía con su propia sensación de verdad interior.* Esa armonía con su propia verdad interior es su juez de la verdad acerca de lo que percibe. Si tiene alguna duda acerca de la verdad de lo que está a punto de comunicar, no lo comunique. Su precisión aumentará hasta el grado en que esté en concordancia con la percepción de la verdad dentro de usted.

Para dar inicio al proceso de canalización, en primer lugar es necesario limpiar todo lo que sería una distracción en el espacio en el que se propone canalizar. El entorno debería ser armonioso. El teléfono debería estar fuera de la habitación. Debería dar indicaciones de que no le interrumpan y disponer de mucho tiempo para el proceso. No estará completamente abierto si piensa que podrían interrumpirle. Usted quiere que el lugar que utiliza sea un espacio seguro en el que se sienta bien. También podría quemar en la habitación salvia, cedro o madera de sándalo, utilizando el humo para limpiarla, como se dijo antes en este capítulo. Si lo desea, use cualquier ritual que le guste, o coloque objetos o retratos especiales en la habitación para contribuir a intensificar las vibraciones. Disponga todo lo que necesita de antemano, a fin de no tener que perder el tren de pensamiento que llega a través de usted buscando algo. Utilice papel o un magnetófono, o haga que alguien le escuche, según lo que funcione mejor en su caso.

Método de canalización con cristales

Aquí se indican algunos modos en los que puede utilizar sus cristales para que le ayuden en este proceso. Antes de comenzar a canalizar, puede sostener un gran cristal, llamado a veces cristal generador, colocando las manos encima de la punta o sobre dos lados opuestos de la piedra.

Esto le energizará. Para esta técnica también puede utilizar el método de escrutar el cristal. Mire fijamente un cristal transparente o una bola de cristal. Tal vez quiera usar una amatista, pero el cristal transparente parece permitir la mayor variedad de información que se canaliza a través de usted. (Remítase al capítulo sobre lectura de cristales.) Permítase entrar en el cristal y deje que la información pase desde la punta del cristal hacia usted y entre en su cuerpo. Cuando esté dentro del cristal, podrá ver una información escrita sobre una pantalla delante de usted. Otro método es llevar un maestro con usted hacia el espacio de cristal. Si lo desea, puede permitirse estar en una gran habitación de cristal, repleta de personas como usted que formulan preguntas. Esta habitación de cristal está ocupada desde el techo al suelo por cubículos, algunos con personas en su interior, otros vacíos. Usted entra en un cubículo, se sienta y encuentra una tremenda fuerza dentro de él. Mientras medita y se abre a esa fuerza, halla sus respuestas. También puede entrar en el cristal y verse recorriendo un largo pasillo con las paredes cubiertas de libros. El pasillo le resulta fresco y luminoso. Mientras lo recorre, un libro del lado derecho parece saltar hacia su mano. Hay innumerables métodos para utilizar en el interior del cristal. Sea imaginativo. Sea creativo. Establezca algo que funcione en su caso. Finalmente, rodéese con un campo de fuerza del cristal generado por una forma geométrica específica, que amplificará todo lo que haga. Sostenga el cristal con una o ambas manos mientras trabaja. Lleve cristales sobre su corazón, garganta y/o tercer ojo. Si lo desea, guárdelos envueltos y úselos sólo cuando realice este trabajo.

En algún momento, le resultará normal dejar de canalizar: no trate de tantear en busca de algo más para decir. Simplemente, deténgase. Si no lo hace, le resultará más difícil canalizar con sinceridad. Puede llegar a estar agotado o cansado. Cuando haya terminado, salga del cristal si estuviese utilizando este método. Conéctese con la tierra y céntrese. Luego, limpie el espacio en que se encuentra, a quienes le rodean y a sus herramientas. En general, después de canalizar se sentirá colmado de gozo y de buenos sentimientos. A veces puede estar física, emocional o mentalmente cansado. Si éste es el caso, cuídese. Trabaje más en su desarrollo para evitar agotarse y estar en condiciones de canalizar con más facilidad.

Cómo descubrir lo que está guardado en un cristal de cuarzo

En general, la primera vez que se entra en contacto con un cristal de cuarzo se desea limpiarlo de todas las vibraciones anteriores que pueda contener. Puede tratarse de ciertas influencias que no le gustaría que le afecten. Sin embargo, muchas veces un cristal guarda información que le sería útil. Existen cristales que han sido programados deliberadamente con información destinada a quienes los descubran más tarde. Una parte de esta programación es reciente y otra se remonta a civilizaciones antiguas. En forma deliberada, puede transmitir una imagen o información a alguien para que la recupere en una fecha ulterior. En estos casos, querrá ser capaz de descubrir lo que está guardado en el cristal, más que proceder a limpiarlo en forma automática. La siguiente es una técnica que le permitirá descubrir lo que se halla guardado en un cristal de cuarzo.

1. Toque el cristal con ambas manos. Si lo desea, aparte las manos ligeramente mientras sigue manteniendo una conexión sutil con la piedra. Uno u otro modo es adecuado.
2. Cierre los ojos y concéntrese en el punto del tercer ojo. Este punto se sitúa entre las cejas, aproximadamente en el centro de la frente.
3. Mientras sus manos están en contacto con el cristal, comience a aspirar y espirar por la nariz con respiraciones profundas y prolongadas. En cada espiración, reléjese más profundamente.
4. Deje que pase todo pensamiento que entre a su mente hasta que sólo se encuentre concentrado en el cristal.
5. Sienta como si estuviese vibrando en armonía con el cristal.
6. Mientras vibra en armonía con el cristal, tenga la intención decidida de que se enterará de lo que éste guarda. Mantenga esa intención durante todo el proceso.
7. Recibirá la información guardada en el cristal de dos maneras:
   A. En el punto de su tercer ojo puede comenzar a parpadear una luz y usted verá en él imágenes que representan lo que guarda el cristal.
   B. Recibirá impresiones de lo que guarda el cristal. Pueden ser bastante fuertes o muy débiles. No trate de utilizar su mente intelectual o dejará de recibir esas impresiones. Limítese a permanecer en un estado abierto, receptivo.

> 8. Cuando haya terminado, limpie la piedra si quiere hacerlo. Límpiese usted y haga lo mismo con su entorno. (Véase el método del «sahumerio».)

En caso de que desee transmitir deliberadamente imágenes o mensajes a otra persona, programe primero el cristal como se explicó en la página 27. Luego, la otra persona debe utilizar el proceso descrito en los párrafos precedentes para recibir la información. Es un buen método para que los padres transmitan a sus hijos determinadas experiencias y mensajes específicos. Una situación similar existiría entre un maestro y sus discípulos.

Examen de cristales y lectura de bolas de cristal

Cuando se examina un cristal o se lee una bola de cristal se utiliza el cristal de cuarzo como un recurso para la concentración, o como un punto de partida a través del cual se desarrolla y se mantiene un estado de conciencia alterado con el objeto de acceder a determinada información. Este estado de conciencia alterado, llamado a veces estado de trance, puede permitirle ahondar profundamente en el material almacenado en su subconsciente para responder preguntas específicas o generales, o para recibir una información determinada. Este estado de trance también puede sensibilizarle a ciertas vibraciones etéreas, a fin de que esté en condiciones de «ver» el futuro o el pasado. Puede utilizarse como un método para comenzar a ver el plano astral y viajar por él. (Véanse las páginas sobre viaje astral.) Como un subproducto de su trabajo escrutando cristales o leyendo una bola de cristal, usted tiende a desarrollar sus poderes de concentración, voluntad, visualización y telepatía.

Existen muchos medios mediante los cuales puede escrutar o leer. Entre ellos se cuentan los de escudriñar en agua, tinta negra, hojas de té, espejos mágicos o bolas de vidrio. Sin embargo, el cristal de cuarzo amplifica las vibraciones etéreas de las que es necesario ser consciente en algunos tipos de lectura. Las propiedades del cristal de cuarzo le ayudarán a concentrar la atención con mayor facilidad. El cristal le energiza, ayudándole a mantenerse concentrado el tiempo suficiente para conseguir un lectura clara. El cristal de cuarzo también intensifica su vibración, profundizando así el estado de trance. Cualquier forma esférica genera un campo circular de vibraciones que tiende a atraerle mientras se concentra en la bola. Una bola de cristal de cuarzo no hace más que amplificar, acelerar y profundizar este proceso.

Como con otros trabajos con cristales, para ser más eficaz es preciso desarrollar la fuerza de voluntad, así como una mente despejada y serena. Una mente agobiada, extraviada, no estará en condiciones de ver más allá de la pantalla de pensamientos que oculta la percepción de las impresiones más sutiles. Una voluntad débil y desentrenada no le permitiría concentrarse en algo durante un tiempo determinado. Para realizar con eficacia la lectura de la bola de cristal y estar en condiciones de escrutar cristales también debe ser capaz de distanciarse de sus preocupaciones cotidianas. Para hacerlo, desarrolle una sensación de usted separado de lo que hace, piensa o siente. Si hace los ejercicios incluidos en este libro desarrollará esa sensación.

Para ayudarse en este trabajo, comience a desarrollar su aptitud para ser consciente de las sensaciones o pensamientos que puedan llegarle en el plano astral o mental. Esta aptitud comienza a desarrollarse naturalmente cuando escruta cristales o lee bolas de cristal. La observación de los incidentes de estas experiencias durante la vida cotidiana acelera este proceso. Trate de llegar a ser consciente de la precognición y de la intuición en la vida cotidiana, en lugar de desecharlas automáticamente. Por último, aumente su capacidad de visualizar o ver imágenes mentales con el propósito de poder ver en el cristal con mayor facilidad. En el libro se incluyen ejercicios para aumentar las aptitudes de visualización. Los métodos para escrutar un cristal y leer una bola de cristal son los mismos. No obstante, cuando se lee una bola de cristal es más fácil estrechar el foco hasta un punto determinado, profundizando así el estado de trance. Como se dijo antes, una bola de cristal genera un campo circular de energía con un efecto de vorágine que tiende a atraerle hacia su centro. Puesto que a lo largo de todo el libro se ofrecen métodos para escrutar cristales, aquí nos centraremos principalmente en la lectura de una bola de cristal.

¿Qué tipos de bolas de cristal son las mejores para trabajar? Algunas personas prefieren trabajar con bolas de cristal absolutamente transparentes, pues consideran que las demás les distraerán. Otras prefieren bolas con formaciones llamadas vetas e inclusiones. Consideran que es más fácil encontrar una zona que les interese y parezca atraer su atención hacia la bola. Esta zona recibe el nombre de entrada. Los arcos iris añaden valor y dimensión de color a la lectura de la bola de cristal. En cierta medida, también reproducen los colores del plano astral y se utilizan para contribuir a atraerle hacia ese plano. Cuando busque una bola de cristal, elija la que le resulte más atractiva o la que parezca atraerle hacia ella.

En la lectura de la bola de cristal debe mirar dentro de ella con concentración relajada. No se fuerce, pero manténgase muy concentrado. Si su mente se dispersa, vuelva a llevarla poco a poco al estado de concentración. Escrute la bola de cristal con visión difusa o desenfocada. Puede aprender a utilizar mejor la visión difusa de la siguiente manera: Mire directamente hacia adelante mientras entrecierra ligeramente los ojos. Manténgalos así y observe lo que ve. Libérese de sus ojos y mantenga esa visión mientras mira dentro del cristal. Con práctica, podrá cambiar automáticamente este modo de ver cuando escrute la bola de cristal. También, mientras profundiza su concentración en un punto del cristal, finalmente pasa a un estado de conciencia alterado, en el cual sólo es consciente del punto del cristal que está escrutando. En forma automática, su visión llega a ser difusa.

Existen diferentes modos de ver en una bola de cristal cuando se está en un estado de conciencia alterado. Un modo es ver realmente visiones. En general, en este método la bola parecerá volverse gris o empañada. A continuación, parecerá que se abre un pasillo o que se descorren unas cortinas. Luego se ven visiones. Otro método, similar al primero, utiliza la bola para que sea el punto de partida que se abre en un tubo astral. Este tubo conduce al plano astral, en forma semejante a un telescopio. Usted mira por el tubo y al final de su visión. En su estado de trance, puede disponerse a penetrar en el tubo y entrar realmente en su visión, mirándola en su totalidad. Y con el objeto de no olvidar lo que vio, mantiene su conciencia mientras vuelve a salir del tubo y del estado de trance. Si mira su visión a través del tubo astral en lugar de entrar en él, sólo verá lo que aparece al final del conducto. No verá los otros aspectos que están detrás o alrededor de él. Por consiguiente, debe aprender a enfocar el tubo en todas las direcciones. Para hacerlo, utilice la voluntad. Si usa la técnica de descender por el tubo y entrar en su visión, es evidente que no tendrá que hacer esto.

Otro método consiste en escrutar la bola de cristal y recibir impresiones o representaciones mentales. Las recibe con la misma intensidad con que las siente dentro de usted. Al principio no las juzgue. Limítese a observar algo, aunque sea un instante, y comuníquelo a otra persona, a un magnetófono o mentalmente a usted mismo. No deseche nada automáticamente por considerar que carece de importancia. Cuando comience a comunicar sus impresiones, las sentirá con más fuerza y parecerán fluir a través de usted.

Como en los demás trabajos con cristales, cuanto más atención preste a su intuición y más trabaje con ella, más aumentará ésta en fuerza. Mientras trabaja con la bola de cristal desarrolla un sistema muscular psíquico. Como todo sistema muscular, cuanto más lo ejercita y lo utiliza, más fuerte y veraz se vuelve. Cuanto más capaz sea de comunicar las imágenes mentales que ve y las impresiones intuitivas que recibe, más exactas serán.

Como en todo trabajo con cristales, compruebe los resultados. Compruebe la exactitud de su información sin juzgarse. Lleve un registro a fin de poder comprobar sus avances. A medida que vaya ganando precisión irá creciendo su seguridad, y ello generará una facilidad aún mayor para leer bolas de cristal con éxito.

TÉCNICA DE LECTURA DE BOLAS DE CRISTAL (1)

1. Oscurezca la habitación a su alrededor. Ponga la bola de cristal sobre una superficie oscura que no refleje ninguna luz que pueda distraerle. Encienda una vela o disponga otra forma de luz para iluminar la bola. La fuente de luz puede reflejarse en la bola de cristal, desde atrás o delante de ella. También puede iluminar

situada detrás de usted y reflejándose en la bola de cristal.

2. Siéntese cómodo con la columna vertebral recta. Mantener la columna vertebral recta le permite canalizar toda la energía que llega a través de su cuerpo cuando realiza sus lecturas. Conéctese con la tierra y serene su mente.

3. Limpie la bola de cristal antes de utilizarla. Use el método de sahumerio que se describió en párrafos precedentes. Luego proceda a cargar el cristal empleando uno de estos dos métodos:

   A. Sostenga la bola y frótela con ambas manos. Concéntrese en la bola mientras aspira profundamente por la nariz. Al aspirar, sienta como si inhalase la vitalidad de la bola de cristal y mézclela dentro de su cuerpo con su vitalidad. A continuación, espire todo el aire a través de la boca hacia la bola, enviando fuerza vital desde su cuerpo para mezclarla con la vitalidad del cristal. Visualice y sienta esta fuerza vital intercambiándose y uniéndose. Continúe hasta sentir que usted y el cristal vibran en armonía y que la bola está vibrante y «viva».

   B. Sostenga la bola de cristal y frótela con ambas manos. Luego, vuelva a poner la bola en su sitio mientras sigue manteniéndose concentrado. A continuación, apunte hacia la bola un cristal de cuarzo uniterminado o una varita de cristal a una distancia desde la cual sienta más cómodamente el contacto. Cuando sienta o perciba la conexión sutil entre el cristal y la bola, comience a hacer girar el cristal uniterminado en el sentido de las agujas del reloj. Mantenga la conexión entre el cristal y la bola. Pronto sentirá que la bola de cristal empieza a palpitar. Cuando la sienta palpitando con fuerza puede dejar el cristal uniterminado o la varita de cristal y continuar con el paso siguiente.

4. Difunda su visión.

5. Busque un punto de la bola que despierte su interés. Concentre toda su atención en ese punto. Ahora obsérvelo con más detalle. Deje que su mente intelectual se relaje. Permanezca abierto a todas las impresiones. No se deje guiar por preconceptos, ni emita juicios. Permanezca relajado, receptivo y concentrado.

6. Ahora observe esa zona aún con más detalles. Mientras observa esa zona con mayor atención, puede ocurrirle que se sienta tenso. Si es así, haga una respiración profunda y relájese al espirar. Continúe hasta liberar la tensión.

7. Continúe escrutando la zona, observando más y más detalles. Mientras se detiene en todos los detalles de esa zona, la bola de cristal parece ir haciéndose más grande. Cuanto más pierde la sensación de sí mismo y sólo es consciente de cada uno de los detalles del espacio de cristal, más grande parece hacerse la bola. Mientras observa, siéntase abriéndose como si no tuviese contornos o límites. Permítase perder la conciencia de usted mismo y sea sólo consciente de la bola de cristal.

8. En este punto, puede tener los ojos abiertos o cerrados. Si tienden a cerrársele, déjelos que lo hagan y continúe sintiendo como si el cristal le rodease. Si sus ojos permanecen abiertos, siga sintiendo como si estuviese dentro del cristal. Con los ojos abiertos o cerrados, se llega a un punto en que no hay ninguna diferencia entre usted y el cristal. No hay más que el cristal y lo que usted ve. En ese momento se halla en un estado de conciencia alterado o estado de trance.

9. En este punto puede encontrarse urgido a hacer algo. Puede ser aspirar en modos determinados, hacer circular la energía por su cuerpo siguiendo una pauta particular o trabajar con el cristal de una manera diferente. Confíe en usted y deje que ese impulso apremiante le guíe. Puede parecer que su cuerpo adopta posturas diferentes de manera casi involuntaria. Déjelo. Quizá se descubra emitiendo sonidos. Siéntase libre de permitir

que esto suceda. Al mismo tiempo, no hay ninguna necesidad de forzarlo para que suceda. El éxito en la lectura de la bola de cristal no depende de ninguno de estos acontecimientos.

10. Ahora, formule preguntas específicas en su mente o utilice su voluntad para que le guíe hacia lugares específicos, que ve mentalmente. Si no tiene una pregunta específica, remítase mentalmente a su objetivo más general en la lectura del cristal en este momento. Luego, deje que las impresiones vayan y vengan. No se guarde para usted las impresiones, sino que proceda a comunicarlas a otra persona o a grabarlas en un magnetófono. Deje que las impresiones fluyan a través de usted. Continúe comunicando lo que ve hasta que tenga la sensación de que ha terminado.

11. Cuando haya terminado, permanezca con el cristal durante unos minutos. Libere toda tensión. Tendrá la sensación de flotar dentro de la bola de cristal. Puede haber un flujo de impresiones variadas. Obsérvelas pasar. En este espacio están todas las posibilidades, toda ayuda, todo conocimiento y toda sabiduría.

12. Ahora, después de disfrutar este espacio durante un rato, empiece a salir lentamente de la bola. Comience a sentir las aristas a su alrededor mientras continúa escrutando. Tenga una sensación de seguridad mientras llega a ser más consciente de las aristas alrededor de la bola. Si siguió un determinado recorrido en la bola, vuelva sobre sus pasos. Continúe hasta ver la bola delante de usted. Llegue a ser consciente de la superficie sobre la que se halla sentado. Sea consciente de su respiración. Si tiene los ojos abiertos, libérese de la visión difusa y vuelva a llevarla a la normalidad. Si tiene los ojos cerrados, ábralos. Ahora desperécese y sacúdase un poco hasta sentirse completamente en su conciencia cotidiana.

13. Conéctese con la tierra. A continuación, limpie la bola de cristal, el cristal uniterminado o la varita de cris-

> tal, límpiese usted y limpie a la habitación en que se halla.
>
> 14. Si lo desea, cubra la bola con una tela o póngala dentro de una bolsa. Guárdela en un lugar especial.

Cuando escruta una bola de cristal y transmite información acerca de lo que ve, usted es una herramienta en el proceso. Su boca expresa automáticamente lo que ve sin ninguna implicación personal. Su conciencia no se centra en lo que dice. Cuando habla, hay una tendencia a volver a la mente intelectual. Si lo hace, saldrá de su estado de trance. Si continúa hablando mientras no se halla en su estado de trance, su información no será precisa. Si su mente vaga o usted comienza a escuchar lo que dice, vuelva a llevar su mente poco a poco hacia su visión en la bola. Podrá saber cuándo vuelve a la mente intelectual, porque de repente perderá la visión. Si pierde la visión por completo, repita el proceso de entrar en la bola de cristal. Comience a ver y a comunicar lo que se le aparezca, tenga o no que ver con aquello de lo que estaba hablando antes.

La primera vez que comience a hacer este trabajo, puede resultarle difícil revisar todas las impresiones que empieza a recibir para centrarse sólo en aquellas que se aplican a su objetivo. Si comienza a sentirse confundido por tantas impresiones que parecen ser irrelevantes, concéntrese más en su objetivo cuando lea la bola o en las preguntas a las que tiene que dar respuesta. Si la concentración es fuerte, sus impresiones o visiones reflejarán más fielmente aquello que le interesa. Hasta entonces, elija sólo comunicar lo que intuitivamente le parezca relevante.

En el anterior método de lectura de la bola de cristal usted recibía y comunicaba las impresiones intuitivas mediante el uso de la bola. El método siguiente explicará en primer término el proceso de ver una visión real en la bola de cristal y, en segundo lugar, cómo utilizar el tubo astral para ver y entrar en su visión. El método del tubo astral también puede emplearse como un dispositivo para entrar y participar en los planos astrales. La bola de cristal sirve como una entrada a través de la cual puede ir del plano astral al físico, y viceversa, por medio del tubo astral.

TÉCNICA DE LECTURA DE BOLAS DE CRISTAL (2)

Nuevamente, siga los pasos 1 a 6 tal como se indicó en la primera técnica de lectura de la bola de cristal. Luego continúe con los pasos siguientes:

7. En este punto, la bola puede parecer volverse gris o empañada.

8. Mientras continúa concentrándose o escrutando la bola grisácea o empañada, verá en ella una abertura circular. Al final de la abertura hay una visión que contiene la información para usted. Registre esa información. No obstante, si desea saber más, utilice su voluntad para viajar hacia esa abertura. Vaya hacia esa abertura.

9. Mientras va hacia la abertura, comprueba que es como un largo pasillo o tubo que se extiende en la distancia.

10. Utilice su voluntad para entrar en el pasillo o tubo. Siga hasta el final y entre en su visión.

11. En este punto estará consciente y será capaz de operar en uno de los planos etéreos, probablemente el astral. Use su voluntad para recorrer el entorno y actuar en él, como se describió en el capítulo sobre el plano astral.

12. Exprese verbalmente lo que ve. Si ha estado centrado ininterrumpidamente en su objetivo o pregunta, lo encontrará reflejado en lo que ve.

13. Es preferible que utilice un magnetófono o que haya otra persona con usted que grabe lo que usted dice; a no ser que esté usted habituado a mantenerse consciente mientras cambia de plano. Hasta que se logra llegar al estado de conciencia constante es normal experimentar un periodo de «amnesia temporal» o pérdida de memoria al pasar del plano astral al plano físico. (Esto se explica más detalladamente en el capítulo dedicado a los sueños.)

14. Cuando crea que ya ha visto o hecho suficiente, rememore mentalmente la entrada del pasillo o túnel por el que entró en este plano. Utilice su voluntad para regresar a dicha entrada. Salga por ella y recorra el pasillo o túnel que se abre frente a usted.

15. Mentalmente vea ante usted que el final de ese pasillo comunica con el color gris o la nebulosidad con que se había topado antes. Salga a través de ella.

16. Utilice su voluntad para desplazarse a través de la nebulosidad grisácea que cada vez es menos espesa, hasta que se convierte de nuevo en cristal transparente.

17. Retírese del cristal transparente por el mismo camino que utilizó para entrar. Siga hasta que vea la bola de cristal ante usted.

18. Reenfoque la visión, volviendo a su visibilidad normal. Sea consciente de su respiración y a continuación de la superficie sobre la que está sentado. Mire a su alrededor, a la habitación y a las personas y/o los objetos que hay en ella para reorientarse. Desperécese y mueva las manos, los pies y el resto del cuerpo hasta sentirse nuevamente en su estado de conciencia habitual.

19. Conecte con la tierra.

20. Limpie su bola de cristal y todo el instrumental que utilizó para cargar la bola de cristal. A continuación, lávese y limpie todo el espacio a su alrededor.

21. Si lo desea, cubra la bola con una tela o funda y guárdela en su sitio.

Para poner en práctica las técnicas descritas en los párrafos precedentes, comience por leer la bola de cristal durante sólo diez minutos. Cuando se sienta capaz de mantener con facilidad su concentración durante ese tiempo sin sentirse cansado o forzarse, auméntelo a quince minutos. No hay un límite de tiempo fijo en la lectura de una bola de cristal. El tiempo lo determinan los límites de su fuerza y de su capacidad para concentrarse.

No se preocupe si no ve nada en el cristal o si no recibe ninguna impresión. Límitese a escrutar pacientemente la bola durante el tiempo que se haya fijado. Algunas personas ven en la bola la primera vez que se proponen escrutarla, en tanto que otras necesitan meses o semanas para conseguirlo. En algunos casos muy raros, se tarda años en llegar a leer una bola de cristal. Sea paciente. La rapidez con que pueda comenzar a recibir impresiones o visiones depende del grado de desarrollo que haya alcanzado en las cualidades necesarias para ello. Todo trabajo con cristales o de carácter metafísico depende de esas cualidades que le capacitan para llegar a leer una bola de cristal y permiten que surja el método más adecuado a usted. El método le encontrará a usted.

Para aumentar la eficacia en la lectura de la bola de cristal puede colocar un cristal sobre el punto de su tercer ojo. Puede mantenerlo allí, aunque suele resultar distractivo. En cambio, se recomienda usar una cinta de cristal que mantenga la piedra sobre el punto de su tercer ojo. El cristal ayudará a estimular y abrir este chakra, aumentando por consiguiente su capacidad para «ver». También puede sostener un cristal en cada mano mientras efectúa la lectura de la bola de cristal. Esto intensificará las vibraciones de su cuerpo, a fin de que tenga más energía para mantener su concentración. La intensificación de la vibración también contribuirá a abir y permitirle el acceso a la conciencia en los centros superiores de su cuerpo, sin lo cual no puede «ver» en la bola de cristal. Antes y después de cada uso, proceda siempre a limpiar estas herramientas de cristal.

Por último, estas tres técnicas sólo se proponen servir como un esquema o camino a seguir. Todos tienen su propia experiencia única cuando leen una bola de cristal, aun cuando se tienda a seguir una de las tres explicadas anteriormente. Permítase permanecer abierto al desarrollo de su propia variación única de la técnica de lectura de la bola de cristal.

Ver el pasado y el futuro al leer una bola de cristal

Se dice que cuando se lee una bola de cristal puede verse el futuro o el pasado. ¿Cómo es posible esto? Todos los objetos, pensamientos, emociones, acontecimientos, etc., que aparecen en el plano físico se manifiestan primero como vibraciones en los planos sutiles (por ejemplo, los planos causal, mental y/o astral).

(Este proceso se explica en detalle en el apartado de este libro sobre el cuerpo expandido.) La vibración en los planos sutiles puede verse como la causa que pone en movimiento los acontecimientos que se producirán seguidamente en el plano físico. Cuando lee el futuro, en realidad percibe o ve esa vibración en el plano sutil e interpreta el acontecimiento que, a partir de ella, se produce en el plano físico. Su lectura será precisa en la medida en que no intervengan otras causas sutiles. A continuación, todo lo que ha sucedido en el plano físico afecta las vibraciones en los planos sutiles, dejando su huella. Finalmente, todo queda «registrado» en forma de vibración en el plano akáshico o éter universal, que llena todo espacio. Cuando ve en el pasado, está viendo esta segunda pauta vibracional. Esto suele recibir el nombre de registros akáshicos. En cualquier acontecimiento, cuando usted ve el pasado o el futuro está sensibilizándose a las «sombras» vibracionales o psíquicas que preceden y siguen a los acontecimientos en el plano físico, interpretándolas.

Solución de problemas con cristales

Muchas veces, en su trabajo con cristales y en su vida cotidiana se enfrenta a situaciones o cuestiones que implican duda, incertidumbre u otra clase de dificultad. Esto es lo que suele calificarse de «problema». Además, cuantas más ataduras tenga con respecto a la situación sobre la que se basa el problema, mayor será su dificultad con ella. Cuanto más numerosos sean los compromisos implicados en un problema, las emociones y pensamientos conflictivos parecerán estar más en guerra unos con otros. Pronto le resultará difícil, si no imposible, generar dentro de usted la claridad necesaria para ver la respuesta al problema. Para resolver cualquier problema, en primer lugar debe ver con exactitud por qué están involucrados ciertos pensamientos y emociones y a qué propósito sirven. Luego, tiene que ser capaz de desprenderse de su implicación personal con el problema y remitirse a su guía superior en busca de una respuesta. Cuando es capaz de hacer esto, el problema se vuelve menos emocional o traumático. Pasa a ser como un rompecabezas en el que sólo tiene que conseguir que las piezas encajen correctamente para resolverlo.

Los problemas deberían convertirse en acontecimientos o situaciones que vienen y se van, requiriendo que descubra la respuesta más apropiada. Esto no quiere decir que dejará de comprometer sus pensamientos y emociones. Significa más bien que ya no estará al servicio de ellos. Cuando deja de estar al servicio de los pensamientos y las emociones, rápidamente se halla en condiciones de despejar toda duda, incertidumbre u otra dificultad. Es capaz de oír claramente la sabiduría que hay dentro de usted y de no tener dudas acerca de lo que debe hacer.

El siguiente es un procedimiento que puede realizar con sus cristales de cuarzo para abrirse paso a través de las emociones y los pensamientos, y alcanzar una claridad que le permita ver la respuesta a su problema.

LIBERARSE DE LOS PROBLEMAS CON CRISTALES DE CUARZO

1. Siéntese en un lugar tranquilo, donde no le molesten. Tenga con usted un cristal de cuarzo. Utilice una piedra transparente. Si se siente emocionalmente alterado o exaltado, use un cristal ligeramente ahumado, que tenderá a conectarle con la tierra y serenarle. El cristal que utilice no debería ser opaco, sino transparente para que pueda ver en él.
2. Céntrese y conéctese con la tierra. Sostenga con ambas manos el cristal delante de usted mientras lo contempla. (No difumine su visión como en las técnicas para escrutar el cristal.)
3. Cuente su problema al cristal. Mientras lo hace, el cristal absorberá todas las vibraciones asociadas.
4. A continuación, limpie el cristal de vibraciones. Mientras limpia el cristal, imagine a las vibraciones entrando en la tierra, donde serán transmutadas. Mientras hace esto, sienta la intensificación correspondiente de sus propias vibraciones. Hasta podría sentir más ligero el cuerpo.
5. Proceda a limpiarse y haga lo mismo con el espacio a su alrededor.

3. Las herramientas en el sendero de los cristales

El sonido y los cristales de cuarzo

En todo este libro se pone énfasis en el uso del sonido, junto con varios ejercicios o técnicas específicas para trabajar con cristales. ¿Cuáles son las propiedades del sonido que lo convierten en una herramienta tan potente para utilizar con los cristales? Como se ha explicado en este libro, todo objeto y persona de este universo físico vibra con una intensidad particular. Esa vibración se representa mediante un sonido, que no es más que una parte del que puede captar el oído humano. Una serie de vibraciones producidas por un objeto o persona física tiene una correspondiente serie de sonidos. Entonces, el sonido es una vibración audible. Así, nuestro universo físico tiene un universo correspondiente contenido dentro de él formado por sonidos totalmente audibles e inaudibles. Además, como se explicó anteriormente, todo plano sutil está formado por vibraciones. Esas vibraciones también tienen sus sonidos correspondientes. Por consiguiente, como con el universo físico, todo plano sutil contiene o está representado por su correspondiente universo de sonido. En el plano sutil existe un universo formado totalmente por sonido.

La vibración no sólo tiene su sonido correspondiente, sino que el sonido genera una vibración correspondiente en otros planos, que a su vez genera otros sonidos. Como se ha demostrado anteriormente, una forma generada en el universo físico genera una pauta vibracional que afecta a las vibraciones de cada plano superior sucesivo y, por consiguiente, crea formas correspondientes en esos planos. Asimismo, cada forma en un plano superior genera una pauta de vibración que afecta a las vibraciones en este universo físico para crear finalmente forma. Un sonido en un plano sutil tiene vibraciones correspondientes en ese plano, que finalmente se manifiestan como formas en el plano físico.

Del mismo modo, un sonido generado en el plano físico afecta a las vibraciones en los planos sutiles para generar forma. Así, visto de plano a plano, el sonido genera forma y la forma genera sonido. Entonces puede verse que el sonido, como el cristal de cuarzo, es capaz de actuar como un puente entre la forma y la ausencia de forma. Igualmente, como en el trabajo con cristales de cuarzo, el sonido puede manipularse conscientemente para efectuar cambios físicos. También puede utilizarse de una manera consciente para vincularle con los planos astral y mental, y otros más elevados. Usted está en condiciones de ver cómo la combinación del uso del sonido con el empleo del cristal puede resultar particularmente efectiva.

Antes de poder trabajar conscientemente con el sonido tiene que ser capaz de oírlo. A continuación, tiene que desarrollar una conciencia de los atributos de cada sonido. El universo de sonido es en gran parte inaudible para el oído físico. ¿Cómo puede trabajar con el sonido cuando sólo es capaz de oír una pequeña parte de él? ¿Cómo puede oír su sonido sutil? Aunque el sonido que está acostumbrado a oír sea el sonido físico del entorno que le rodea, todo sonido físico tiene su contrapartida sutil. De este modo, para trabajar con sonido sutil primero debe llegar a familiarizarse con los sonidos físicos y trabajar con ellos. Cuando trabaje con el sonido físico de ciertas maneras, puede llegar a entender el sonido sutil y comenzar a sentirlo. Finalmente, puede entrenarse para oír el sonido sutil que existe dentro de usted y a su alrededor. A veces se habla de estos sonidos sutiles que llenan todo el espacio como una corriente de sonido. Así como puede desarrollar el «ojo interno» para ver o percibir lo que se halla en los planos sutiles, puede desarrollar un oído interno para oír sonidos en los planos sutiles. Trabajar con cristales y sonido puede ayudarle a desarrollar su oído interno, mediante el cual comienza a oír esos sonidos y llega a ser más consciente de los planos sutiles que representan.

En el trabajo con cristales de cuarzo se utiliza sonido físico, audible, para cambiar las vibraciones sutiles que, a su vez, afectan al plano físico. El cristal y el sonido amplifican recíprocamente sus efectos. Así, por ejemplo, usted visualiza o se concentra en la armonía y genera el sonido correspondiente en el entorno. Ese sonido generará las vibraciones de armonía en el entorno, generando finalmente ese estado. Si se añade intención al sonido se da a la vibración generada fuerza suficiente para que sea mucho más intensa que las vibraciones no deseadas. Sus nuevas vibraciones de sonido dominan y transmutan a las otras vibraciones. Cuanto más fuerte sea la intención que hay detrás del sonido, más rápido y efectivo será el cambio.

Puede utilizar fácilmente sus cristales con este proceso, porque el mecanismo para trabajar con el sonido es en gran parte el mismo que se emplea con los cristales. El sonido y los cristales se potenciarán mutuamente, contribuyendo a la eficacia general. Puede trabajar con cristales y sonido de la siguiente manera: determine qué es lo que quiere lograr con su cristal. A continuación, elija el sonido o sonidos que mejor parezcan corresponder a su objetivo. Luego, genere ese sonido y envíelo hacia el cristal. Entonces puede utilizar su voluntad para enviar hacia afuera el sonido amplificado a través de la punta del cristal para efectuar su trabajo, o puede almacenar el sonido en el cristal. El sonido almacenado en un cristal hace que éste vibre de la manera que le corresponde. Después, puede usar el cristal para afectar a todos los que entren en contacto con esas vibraciones particulares. Puede trabajar activamente con su cristal para emitir más adelante el sonido almacenado, o puede dejarlo en un ambiente determinado para que irradie continuamente esas vibraciones particulares. También puede usar el cristal o ponerlo junto a otros para que incida sobre usted o sobre éstos en consecuencia.

Existen muchos sistemas antiguos para utilizar el sonido que se han empleado para curar el cuerpo, cambiar las condiciones del entorno físico y desarrollar la conciencia de los planos sutiles. Esta información solía restringirse a los chamanes, los sanadores, y los maestros espirituales y sus discípulos. Ahora la información es menos restringida, pues un número cada vez mayor de personas está llegando a ser capaz de utilizarla de una manera consciente y constructiva.

Además de la voz, entre los instrumentos tradicionales que se emplean en esta forma de trabajo con sonidos figuran los tambores, los cascabeles, el gong, el címbalo, las flautas, la pandereta y la cítara. Cada instrumento reproduce lo más fielmente posible el sonido predominante generado por las vibraciones frecuentes de un plano sutil particular. Al centrarse en uno de esos instrumentos, usted comenzará a vibrar en armonía con él y en el plano sutil que representa. Cuando vibre en armonía con el plano sutil, puede llegar a ser más consciente de él.

Cada parte de su cuerpo físico y sutil es representada por un tono particular. Esto se aplica no sólo a su cuerpo, sino a todo cuerpo o forma que existe en el universo. Una parte o la totalidad de cualquier cuerpo puede ser energizada o desenergizada cuando la voz o un instrumento particular reproduce ese tono.

Durante el trabajo con cristales y sonido, la voz o instrumentos a veces actúan solos. Con mayor frecuencia se combinan de un modo determinado para producir un cambio determinado en el cuerpo y/o conciencia. La combinación también es capaz de generar sonidos que no pueden producirse con un solo instrumento o una única voz. Estos sonidos pueden resultar especialmente efectivos para generar cambios.

No sólo es importante el sonido particular del instrumento, sino también el ritmo al que se ejecuta. En el ritmo no sólo es importante el sonido, sino también el espacio entre sonidos. Los ritmos pueden representar a la respiración y/o a las pulsaciones. Ajustando el ritmo del sonido puede cambiarse el ritmo de la respiración y/o el de las pulsaciones, con lo cual se produce el cambio correspondiente en el cuerpo, las emociones, la mente o la conciencia. Cada plano (astral, mental, causal, etc.) tiene su propio ritmo característico, que puede reproducirse para permitirle respirar o palpitar en armonía con él. Finalmente, puede llegarse a ser consciente del ritmo y, quizás, a actuar conscientemente en ese plano.

Cuando comience a trabajar con sonido, también descubrirá que su volumen es tan importante como el tono y el ritmo. Cada plano sutil y corriente de energía parece exigir su propio volumen de sonido particular. Como la conciencia fluye a través de varios niveles, la dinámica del sonido correspondiente cambia en concordancia con los diversos planos.

Además de trabajar con tonos, ritmos y volúmenes específicos, puede hacerlo con un sistema de sonido llamado tradicionalmente sonidos germinales o primigenios. Los sonidos germinales o primigenios se basan en la voz humana y son la raíz básica que subyace en todo idioma. Cada vocal y consonante genera una vibración que va unida a una corriente de energía sutil específica, que se localiza en el interior del cuerpo, así como en el plano sutil correspondiente. Por ejemplo, el sonido de la vocal «A» corresponde al vórtice de energía sutil en el centro del corazón y al elemento etéreo del aire. Así, el uso del tono «A» le despierta a la conciencia de ese plano sutil que concuerda mejor con el centro del corazón. También, atrae hacia usted ese elemento del aire que le afecta en concordancia. Estos sonidos germinales se han utilizado en los apartados de este libro que hablan de la apertura de los chakras y de curación. Los sonidos germinales se combinan unos con otros para producir palabras o grupos de palabras que dan lugar a efectos específicos sobre sus cuerpos físico y sutil. También abren su conciencia hacia los planos más elevados. Estos sonidos reciben el nombre de «palabras cargadas» o mantras. Los mantras RAM, SAT NAM, RA MA y GUAJE GURU se utilizaron para aumentar la eficacia en muchos de los ejercicios indicados en este libro. Los mantras y los sonidos germinales no sólo se emitieron en voz alta, sino que se repitieron internamente para abrir la audición sutil. Suelen ser más efectivos si se escuchan con el oído interior.

De este modo, cuando trabaje con sonido puede trabajar con tono, ritmo, instrumentación, sonidos germinales y mantra. La hábil combinación en la música de los aspectos del sonido mencionados precedentemente con la intención de producir determinada curación, elevar la conciencia o lograr otros efectos se denomina «música chamánica». Ejemplos de esta combinación se ofrecen en dos cintas magnetofónicas: «Helios» y «Wakan Tanka». Estas cintas le permiten experimentar la música chamánica y pueden utilizarse junto con todos los aspectos del trabajo con cristales. Helios emplea fundamentalmente gongs y campanillas. Wakan Tanka utiliza una combinación de tambores, cascabeles, gongs, sintetizadores, instrumentos orientales y voz. Ambos pueden utilizarse como poderosas herramientas chamánicas en el trabajo con cristales. Energizarán su trabajo con cristales y suministrarán un estímulo de sonido para extender su conciencia hacia los planos sutiles más elevados. Puede usarlos en el trabajo de curación con cristales, así como en las visualizaciones, en la lectura de la bola de cristal y para escrutar cristales.

Ésta ha sido una breve explicación del modo en que puede utilizarse el sonido. Existen muchos sistemas de utilización del sonido, así como hay muchos sistemas para trabajar con los cristales. Puede memorizarse y utilizarse uno o más de esos sistemas. No obstante, como en el trabajo con cristales, es mejor si la labor con el sonido se basa en su propia experiencia. Con contemplación, experimentación y práctica puede llegar a un entendimiento personal del sonido. Para comenzar a entender verdaderamente el sonido debe ser capaz de serenar su mente, concentrarse y escuchar a su propia voz interior mientras experimenta. Cuanto más consciente sea de su yo interior, más consciente podrá ser del sonido sutil. Cuando llegue a ser más consciente de cómo utiliza el sonido basado en su propia experiencia, podrá comenzar a investigar y probar varios sistemas antiguos. Luego, utilice el que funcione en su caso.

¿Cómo escoge el sonido a utilizar cada vez que trabaja? ¿Cuáles son exactamente las técnicas con las que puede comenzar a trabajar con sonido y cristales? Las siguientes son algunas técnicas que dan respuesta a estos interrogantes.

Como se ha explicado, cada sonido físico y su correspondiente sonido sutil producen ciertos efectos en los planos sutiles y físico. Cuando utilice el sonido en su trabajo con cristales debe saber cómo elegirlo en función de los efectos que sabe que producirá. También tiene que conocer el volumen que debe imprimir al sonido, y el ritmo al que debe ejecutarse o cantarse. Para aprender a hacer esto debe limitarse a escuchar su propia voz interior o intuición, tal como en el trabajo con cristales. Al desarrollarse para ser un trabajador con cristales efectivo también desarrollará su capacidad para oír y trabajar con el sonido. Este ejercicio abrirá sus aptitudes intuitivas para oír sonidos y saber cuáles son sus efectos sutiles y físicos. Entonces sabrá cómo y cuándo usar cada sonido. Como en el trabajo con cristales, cuanto más despejada esté su mente y más enfocada esté su concentración, mejores serán sus resultados cuando trabaje con el sonido.

EJERCICIO DEL SONIDO

1. Coloque a su alrededor un cristal en cada uno de los cuatro puntos cardinales. Visualice un cristal debajo

de usted y otro encima de su cabeza mientras permanece sentado o de pie en el centro. Si lo desea, sostenga un cristal en cada mano. Luego coloque cristales encima del centro de su garganta y/o del punto de su tercer ojo. (Puede hacerse con un collar o una cinta de pelo.) Esto le ayudará a tener energía para centrarse claramente y concentrarse en cada sonido y su efecto. También le ayudará a abrir su capacidad de ser consciente del sonido sutil que acompaña al sonido físico.

2. Céntrese y conéctese con la tierra. Serene y despeje su mente. Si lo desea, para hacerlo utilice las técnicas indicadas en este libro.

3. Cierre los ojos. No se centre en nada en particular. Sin embargo, durante el curso de este ejercicio el foco de sus ojos puede desplazarse al punto de su tercer ojo. Si sucede eso, deje que su foco permanezca allí.

4. Encuentre la nota que pueda entonar con mayor facilidad y comodidad, y que le haga sentirse mejor. (Esa es su nota clave.) ¿Qué nota es? Concéntrese profundamente en esa nota mientras mantiene su tono en la medida en que pueda hacerlo sin esfuerzo. Mientras entona esa nota, observe su efecto sobre sus diversos chakras. ¿A qué centro de energía parece afectar más profundamente este sonido?

   ¿Cuál es su efecto sobre ese centro? ¿Cómo afecta a su cuerpo? ¿Afecta más a algunas partes de su cuerpo que a otras? ¿Cómo afecta a esas partes?

5. ¿Qué clase de energía o fuerza vital parece convocar este sonido?

6. Céntrese en sus emociones mientras continúa entonando esa nota. ¿Qué respuesta emocional parece provocar? ¿Da la impresión de provocar ese efecto continuamente?

7. A continuación, céntrese en su estado mental mientras entona esa nota. ¿Cómo parece afectar a su estado mental en general? ¿Parece generar pensamientos o imágenes particulares?

8. ¿Ese sonido parece darle energía extra? ¿Qué tipo de energía parece darle? ¿Ese tono parece serenarle o le infunde entusiasmo?

9. ¿Hasta dónde parece llevarle este sonido hacia un estado de armonía o de éxtasis? (Si lo desea, puede clasificarlo en una escala de uno a diez, correspondiendo el diez al éxtasis supremo?

10. ¿Cómo cura ese sonido?

11. A continuación, experimente con la dinámica del sonido. ¿Qué sucede si canta ese sonido en voz baja? ¿Qué cambios observa si lo canta progresivamente en voz más alta?

12. Experimente con el ritmo del tono. Púlselo en ritmos diferentes. Preste atención a las diferencias que siente cuando altera el ritmo. ¿Cuál parece ser el ritmo que encaja especialmente con ese sonido?

13. Luego, experimente con diferentes sonidos germinales. Cante cada sonido de vocal y observe las diferencias que siente. ¿Qué sonido de vocal parece encajar mejor con ese tono?

14. Seguidamente, continúe con este ejercicio, cambiando de un tono a otro. (El mejor método es subir por toda la escala, en medios tonos o cuartos de tonos a partir de su nota clave.) Mientras se centra en cada nuevo tono, formule las preguntas que planteó al principio. Cubra tantos tonos como desee. ¿Parece haber alguna tendencia general mientras entona tonos progresivamente más altos o bajos?

   Después de trabajar con el tono y el sonido germinal, experimente con varios instrumentos. Nuevamente, al trabajar como si usted fuese el laboratorio, formúlese las preguntas siguientes, así como toda otra que se le ocurra.

15. Siéntese con una o distintas variedades de tambor. Comience a tocar el tambor siguiendo un ritmo determinado, el primero que se le ocurra. Formúlese las preguntas precedentes, con excepción de la n.° 13. En

su lugar, pregúntese cómo se ejecuta mejor el/los tambor/es con cada sonido germinal. ¿Cómo se siente cuando añade el tambor a ese sonido?

16. Después de experimentar con los tambores, pruebe con cascabeles, gongs, campanillas, címbalos, flautas, etc. Si no dispone de estos instrumentos, escúchelos en grabaciones e investigue lo mejor que pueda.

17. Después de haber terminado el ejercicio, limpie sus cristales y guárdelos. Límpiese usted y haga lo mismo con la habitación en que se encuentra. Vuelva a conectarse con la tierra.

Escuche e investigue sólo uno o dos tonos o instrumentos en cada sesión, o tantos como se lo permita su concentración. Si se cansa no estará en condiciones de oír, ni tampoco de investigar con profundidad y exactitud. Este proceso requiere tiempo y no puede realizarse de manera efectiva en sólo uno o dos días. Sea paciente. Lo que importa no es la rapidez con que investiga, sino la profundidad y eficacia con que lo hace. Al realizar este ejercicio desarrollará la capacidad de ser consciente en forma automática de los efectos sobre sus cuerpos físico y sutil de cualquier sonido que oiga, en el momento en que lo oye. Esto le capacitará para ejecutar música chamánica y utilizar el sonido para curar, cambiar la conciencia y afectar a los cuerpos físico y sutil, así como a su entorno y a los demás.

Al efectuar el anterior ejercicio de sonido desarrollará en usted un dominio en el trabajo con sonido y cristales, siempre y cuando continúe utilizando su «oído intuitivo» más que un oído intelectual/analítico. Sin embargo, puede comenzar a trabajar con cristales y sonido sin realizar el ejercicio anterior, siempre y cuando siga basándose en su «oído intuitivo». El dominio generado por el ejercicio precedente le permitirá usar el sonido con más precisión y con una eficacia más consistente y confiable. No obstante, es posible producir resultados sólo con confiar en su intuición en cada situación particular sin la experiencia que le da el Ejercicio de sonido n.° 1. No obstante, sus resultados pueden ser menos específicos y menos confiables. La siguiente es una explicación acerca del modo de elegir el sonido a utilizar en una situación particular, junto con algunas técnicas de cristal específicas.

UTILIZACIÓN DEL SONIDO PARA POTENCIAR EL TRABAJO CON CRISTALES

1. Decida qué le gustaría lograr con la utilización de su/s cristal/es.
2. Comience por utilizar un método de cristal que se adecue mejor a lo que desearía lograr.
3. Mientras utiliza el/los cristal/es en la situación particular, elija intuitivamente un sonido que refleje mejor lo que desea lograr. Por ejemplo, si está realizando con sus cristales una técnica de curación, céntrese en el estado de buena salud como si la curación ya se hubiese producido. ¿Qué sonido o serie de sonidos parece adecuarse mejor a ese estado de buena salud?
4. A continuación, cante o toque en un instrumento ese sonido o serie de sonidos.
5. Envíe ese sonido hacia el interior de los cristales y haga que lo atraviese y salga por la parte superior de éstos. Esto aumenta el efecto de los cristales.
6. Si lo desea, puede programar un cristal generando uno o más sonidos y enviándolos hacia el cristal, no a través de él. También si lo desea, encierre el sonido en el cristal utilizando la técnica indicada para programarlo. Entonces, el cristal irradiará vibraciones que corresponden al sonido hasta que usted lo limpie. Haga que el receptor de las vibraciones del sonido use el cristal, lo lleve con él o lo mantenga en su entorno.
7. Después de haber terminado de trabajar con los cristales, límpielos. Esto eliminará de ellos toda vibración de sonido, así como cualquier otra que pueda haber recogido con la piedra.

¿Cómo elige el sonido a utilizar? Si ha hecho el Ejercicio n.° 1, remítase a su experiencia y a su mente intuitiva para escoger el que parezca adaptarse mejor a la situación basada en sus experiencias del pasado, así como en su percepción inmediata. Si no ha hecho el Ejercicio n.° 1, elija intuitivamente un sonido que se adecue mejor a la situación inmediata. En uno u otro caso, en última instancia confíe en su percepción intuitiva. Una vez que haya elegido un sonido, libérese de cualquier pensamiento crítico o sentimiento inoportuno y proceda a utilizarlo. Continúe utilizando el sonido, variándolo si es necesario, hasta que considere que es momento de detenerse. Más tarde, compruebe sus resultados en el universo físico.

Formaciones geométricas utilizando cristales de cuarzo

Toda formación geométrica genera una disposición de las pautas vibracionales de la energía en el plano sutil y en el plano físico interconectado. Determinados atributos, actividades y poderes son activados por estas pautas generadas por la forma geométrica. Estos elementos se hallan disponibles para trabajar con ellos y pueden añadir eficacia al trabajo con cristales.

¿Cuáles son algunas de las formas geométricas más tradicionales que se utilizan?

La más conocida es el círculo, que suele asociarse a la protección y el centro. Representa o da una sensación de infinito o de un círculo incesante de cambios, etc. Existe el círculo blanco, que en algunas tradiciones representa el elemento etéreo.

El cuadrado es otra forma conocida que puede usarse para apelar a los poderes de los cuatro puntos cardinales. Tradicionalmente, el este representa al esclarecimiento espiritual. El color asociado a esto es el amarillo. El sur representa a la muerte, a los finales o al cambio. El color asociado es el rojo. El oeste representa al gran misterio, al vacío o a lo desconocido. El color asociado es el negro. El norte representa a la curación. El color correspondiente es el blanco. Si trabaja con seis puntos cardinales, el azul representa al cielo y a su energía. El verde representa a la tierra y a su energía. En algunas tradiciones, el cuadrado amarillo representa al elemento Tierra.

El triángulo también es común. El triángulo rojo puede verse como representando al elemento fuego. Otra representación común es la trinidad. El triángulo puede utilizarse para enviar mensajes por uno de sus ángulos.

La media luna con sus aspectos femeninos lunares, o la media luna blanca que representa al elemento agua, son formas conocidas. La estrella de cinco puntas representa a los cinco elementos o al hombre perfecto. La estrella de seis puntas refleja la unión de lo espiritual y lo material, o del hombre y Dios. Las enumeraciones y sistemas concernientes a formaciones geométricas sagradas son numerosas. Para incluir el uso de la geometría en el trabajo con cristales debe conocerlos no sólo intelectualmente, sino también experimentar sus energías. El mejor modo de experimentar la energía asociada a un espacio geométrico es desarrollarlo a su alrededor y percibir intuitivamente cómo lo siente al tacto.

¿Cómo hace para desarrollar esos espacios? Existen muchos métodos. Este método se realiza con la utilización de cristales de cuarzo y centrándose en las visualizaciones. Cuando emplea la visualización, de acuerdo con la claridad y fuerza del foco, en los planos mental y astral se genera la estructura visualizada de una forma de pensamiento. Como se explicó antes, la forma de pensamiento dispone las pautas de energía mental y astral que luego afectan de manera similar a lo físico. (Se genere o no una forma física real.) Los cristales de cuarzo pueden amplificar las pautas de energía en los planos astral y mental, haciéndolos vibrar más intensamente. Esto, a su vez, hace que los efectos físicos resultantes de la creación geométrica sean más fuertes y efectivos.

Las técnicas siguientes muestran cómo trabajar con cristales de cuarzo con el objeto de desarrollar esas formas geométricas y experimentar su poder. En este ejemplo se utilizará el cuadrado. Puede emplear la misma técnica utilizada para experimentar otras formas. Los materiales que necesitará para esto son cuatro cristales de cuarzo de buen tamaño, un cristal de mano o una varita de cristal, y posiblemente uno o dos cristales más, que sean de tamaño y/o energía similar. Para comenzar, es probable que quiera utilizar cristales transparentes más que ahumados o amatistas, a fin de no estar limitado al uso del color violeta o marrón en su trabajo. El cristal de la varita o el cristal de mano que utilizará como una varita sólo debería tener una punta y no ser biterminado.

TÉCNICA DE VISUALIZACIÓN GEOMÉTRICA

1. Antes de comenzar la formación, siéntese tranquilamente en un espacio en el que no será molestado. Ponga los cristales delante de usted para utilizarlos más adelante. Siéntese de una manera relajada con la columna vertebral recta y empiece a aspirar y espirar por la nariz, con respiraciones profundas y prolongadas. Llene y vacíe poco a poco sus pulmones por completo. Deje que sus pensamientos vayan y vengan, sin sujetarse a ninguno de ellos. Preste atención a la respiración. Si descubre que sus pensamientos se han dispersado, deje lo que está pensando y vuelva a llevar su atención hacia la respiración. Sentirá que se relaja y que su mente se vuelve serena y despejada.

2. A continuación, aparte su atención de la respiración y mantenga su centro sereno, despejado. Comience a desarrollar el cuadrado a su alrededor de la manera siguiente: Visualice a su alrededor un cuadrado de cualquier tamaño con usted en el centro. Mantenga la visualización mientras coge el primer cristal y lo coloca marcando el ángulo derecho del cuadrado imaginado.

3. Coja otro cristal y colóquelo para marcar el siguiente ángulo detrás de usted.

4. Continúe marcando los cuatro ángulos del cuadrado con los cristales de cuarzo. Póngalos apuntando en la dirección que le atraiga. Pueden ir en el sentido de las agujas del reloj o en sentido contrario, como desee.

5. Seguidamente, mientras permanece de pie en el centro del cuadrado, use su varita de cristal o su cristal uniterminado para visualizar el «dibujo» de una línea comunicante de energía entre cada ángulo. Esta línea de conexión puede dibujarse con la punta del cristal so-

bre la tierra, o puede trazarse desde el lugar en que se halla parado. Visualice a esta línea dorada, plateada, violeta o de cualquier otro color cuya energía le gustaría utilizar.

6. Cuando considere que el cuadrado está completo, siéntese o párese en el centro. Continúe manteniendo el estado mental despejado y centrado con el que formó el cuadrado.

7. A continuación, permítase abrirse y centrarse en la energía creada. Sostenga un cristal de cuarzo en cada mano para ayudarse a sintonizar con la formación. Con la mente centrada y dejando a un lado todo el intelecto, observe qué siente dentro del cuadrado. ¿Qué siente su cuerpo? ¿Hay imágenes o pensamientos que parezcan estar conectados con el cuadrado? Si no ha programado ningún color específico, ¿qué color parece ser? ¿Hay algún sonido que parezca estar conectado con la forma? ¿Parece haber algún cambio en la temperatura? Observe todo; familiarícese con esa forma particular.

8. Seguidamente, céntrese en las energías asociadas a los cuatro puntos cardinales. Primero, mire hacia el oeste, el punto cardinal de las lecciones difíciles que deben aprenderse, de las cosas que deben superarse, de lo desconocido. Represéntelo con el color negro. Use su voluntad para atraer hacia usted esa energía, en caso de que sea necesario utilizarla o simplemente experimentarla. Vaya en el sentido de las agujas del reloj, mire hacia el norte, el punto cardinal de la curación y de la renovación, siendo el blanco el color asociado a él. Deje que la energía del norte le bañe. A continuación, mire hacia el este, el punto cardinal del esclarecimiento, asociado al amarillo. Pida esclarecimiento y escuche todo lo que le parezca oír de su voz intuitiva. Por último, mire hacia el sur, asociado al color rojo, el punto cardinal de los comienzos y de los finales, del nacimiento y de la muerte. Todos los puntos cardinales ofrecen su energía particular, su sabiduría y su ayuda

particular, como lo hace el mismo cuadrado en su totalidad.

9. Finalmente, párese en el centro del cuadrado y escuche a su voz interior en busca de cualquier indicación, concesión de poderes o sugerencia respecto de otros atributos que pueda tener la forma. Éstas no son más que sugerencias. Siga a sus sentimientos. Manténgase inmóvil, atento y consciente. Las enseñanzas llegarán. Utilícelas con prudencia.

10. Después de estar en el centro del cuadrado, finalmente querrá marcharse. Permítase retirarse del cuadrado. Luego comience a desmantelarlo. Primero, cogiendo su varita de cristal o cristal de mano, «borre» la línea de conexión entre los ángulos de cristal del cuadrado.

11. Cuando lo haya hecho, quite uno a uno los cristales de los ángulos, en el sentido contrario al que siguió cuando procedió a colocarlos. Ponga todos sus cristales delante de usted.

12. Luego, llegue a ser consciente del ambiente que hay a su alrededor en la habitación y haga un par de respiraciones profundas, expulsando el aire con energía. Quizá quiera sacudir su cuerpo. Después, permanezca sentado o de pie durante un par de minutos sintiendo la tierra o el suelo debajo de usted. Sienta como si tuviese raíces profundas en la tierra, que salen de la planta de sus pies.

13. Finalmente, limpie los cristales y haga lo mismo con usted y el entorno o habitación a su alrededor, utilizando cualquier método que le resulte conocido. Quizá quiera grabar sus experiencias para integrarlas y usarlas más adelante.

Este método puede usarse para familiarizarse con tantas formas geométricas como pueda imaginar. En el paso n.° 8, póngase frente a todos los puntos cardinales que tenga la forma y experimente su energía. Como se dijo anteriormente, existen muchos sistemas de significado para las diversas formas geométricas. Es útil saber cuáles son, pero para que el trabajo con ellas sea más efectivo debe experimentar el significado usted mismo. Confíe en la sabiduría interior que fluye a través de su cuerpo.

Cuando trabaja con una forma geométrica mediante el método precedente, usted se centra y trabaja sólo con una dimensión de la forma. En realidad, toda forma geométrica es infinitamente dimensional. Cada dimensión se extiende infinitamente en una pauta fija activada por la pauta geométrica original que usted creó. En otras palabras, si se para en el centro de una forma cuadrangular que ha creado sobre la tierra, tiene realmente una forma cuadrangular alzándose delante de usted, detrás de usted y también a cada lado. Usted se halla parado en el centro de una caja. Esta caja no sólo le rodea con sus seis lados como un cubo suspendido en el espacio. Las líneas que formaron el cuadrado se extienden infinitamente para crear un cuadrado encima de otro; usted en realidad ha creado todo un universo de cuadrados en cuyo centro se halla parado.

El espacio contiene todas las pautas geométricas posibles o potenciales, pues contiene todas las dimensiones y pautas. Cada pauta geométrica se extiende a través del espacio para crear una cuadrícula de reproducciones infinitas de la forma original. Todas estas cuadrículas contienen otra en su interior. Cada cuadrícula crea un sendero particular a través del espacio. Esta cuadrícula geométrica vibra en una pauta particular, que puede sentir mientras se centra en la forma geométrica única. Puede entrenarse para ser sensible a la forma geométrica, como se indicó en el ejercicio anterior. Luego puede extender su conciencia y utilizar su voluntad para «viajar» a través del espacio utilizando las líneas de la cuadrilla creada por la forma geométrica original. El centro exacto del sistema multidimensional de cuadrillas geométricas es el lugar en que se producen la manifestación y la «demanifestación».

Usted siempre es el centro.

El color y las piedras de colores

En todo aspecto de su trabajo con cristales, el color le resultará una herramienta útil. La adición de policromía a su trabajo puede efectuarse con el uso de piedras y otros materiales de color, así como con técnicas de visualización.

Todo color tiene un aspecto determinado, que puede evocar ciertas reacciones emocionales y psicológicas. Asimismo, todo color tiene su propio tipo particular de vibración, que puede amplificarse, almacenarse y transmitirse con la utilización del cristal. Cualquier color que se incluya en una asociación física o visualizada con el cristal, automáticamente hace que el cristal vibre en armonía con él. A su vez, esa vibración del cristal puede afectar a su cuerpo físico, etéreo, emocional y mental, así como a su entorno. Este proceso automático puede amplificarse incluso más cuando utilice su voluntad para hacer que suceda.

Existen muchos sistemas de trabajo con colores. Igualmente, hay muchos modos de trabajar con piedras y cristales de colores. A lo largo de este libro se han empleado muchos métodos que pueden utilizar e incorporar el color, en especial en los capítulos sobre curación del cuerpo expandido y joyas de cristal. Como con el resto de trabajo con cristales, puede memorizar tales métodos y ponerlos en práctica. Sin embargo, es más eficaz aprender a ser sensible al color y luego a emplearlo en base a su propia experiencia. Cada situación en la que se realiza trabajo con cristales es única, y exige que utilice su propia sabiduría interior y sensibilidad para actuar de la manera más adecuada. No sólo usa sus cristales transparentes de un modo diferente en cada ocasión, sino que hace lo mismo con el color y con las piedras de colores. Si tiene que emplear un sistema particular más que su propia sensibilidad, es que no posee la capacidad de responder excepcionalmente en cada oportunidad. Entonces, trabaja en términos de generalidades más que de detalles. Por ejemplo, si sabe que una piedra verde o rosa es buena para el centro del corazón, no será capaz de intuir el momento en que la zona del corazón parece necesitar enfriarse y requerir un azul claro. O que los pulmones en esa zona general pueden ser mejor ayudados por un color amarillo. En cambio, automáticamente utilizará el color rosa o el verde. Esto no será perjudicial y el centro en sí puede

159

ser estimulado, pero no ayudaría tanto como el hecho de estar en condiciones de ser sensible a la situación exacta y al color exacto a usar.

Cuando trabaje con colores, no sólo debe ser sensible a éstos sino también a sus matices. Cada matiz tiene una cualidad diferente. Cuando utilice colores, sea sensible al grado de opacidad, brillo y transparencia que ofrezcan. En general, cuanto más transparente sea la piedra, tendrá una cualidad más etérea. Una piedra opaca tiene una cualidad más densa, menos etérea. Cada color tiene una sensación de frescura o calor de un grado diferente. Algunos colores resultan más ásperos o abrasivos en cualidad, mientras que otros son más tranquilizadores y sutiles. Cuando se trabaja con piedras y objetos de color, se observa que cada uno tiene una diferencia sutil, aun cuando sean del mismo tipo o color. Estas diferencias no pueden verse, sólo percibirse.

En el trabajo con cristales, los colores suelen emplearse combinados entre sí. Nuevamente, debe ser capaz de percibir el resultado de cada combinación, más que basarse en su intelecto como de costumbre. Por ejemplo, si combina un color amarillo con un color rojo, su mente lógica dará por sentado que el efecto resultante sería un color naranja. Es posible que sea así. No obstante, el efecto resultante de combinar rojo y amarillo puede ser muy diferente al color naranja. Por ejemplo, una piedra de color naranja puede trabajar sobre su segundo chakra, o su centro sexual. Un granate usado con un amarillo limón puede estimular su primer chakra, dándole tal vez conexión con la tierra, mientras que el amarillo limón estimula la zona de su ombligo. El efecto total sería permitirle manifestarse en el plano físico mientras permanece conectado con la tierra. Esto es completamente distinto a estimular el centro sexual.

DESARROLLO DE LA SENSIBILIDAD AL COLOR

1. Al principio trabaje con un color cada vez.
2. Siéntese o permanezca de pie en una habitación en la que no le molesten. Llene la habitación con una luz de un color determinado o mire fijamente un objeto de un

color particular. Si lo desea, puede escrutar un gran trozo de papel de color.

3. Céntrese y despeje su mente.

4. Mientras escruta ese color o mira a su alrededor en la habitación, observe cómo se siente. Observe los efectos obvios, así como los muy sutiles.

5. Formúlese estas preguntas:

   A. ¿Qué estado emocional parece crear en usted ese color?

   B. ¿Qué pensamientos parece tener en respuesta a ese color?

   C. ¿Se siente más excitado y activo, o más sereno? ¿Hasta qué grado?

   D. Describa para usted todas las cualidades de ese color que percibe o siente.

   E. ¿Qué partes de su cuerpo parece afectar ese color?

   F. Basándose en sus observaciones anteriores, ¿cómo tendería a utilizar ese color?

6. Termine mirando el color o apagando la luz de colores. Límpiese y conéctese con la tierra.

7. Repita este proceso varias veces con cada color.

8. Haga esto con tantos colores como desee o pueda pensar. Luego, trabaje con combinaciones de colores. Perciba las relaciones que se dan entre ellos. Responda a las preguntas del paso n.° 5 con cada combinación de color.

9. Luego, comience a usar ropas de un color determinado durante un tiempo. En forma simultánea, haga todo lo que pueda por conseguir que su entorno refleje ese color. Cada día observe cómo está afectándole el color. Observe cada parte de su cuerpo que parezca resultar afectada.

10. Estará en condiciones de experimentar los efectos plenos de ese color si hace esto durante 30 días. Repita esto con cada color.

11. También puede sensibilizarse al color si usa ropas blancas durante un período prolongado de tiempo (al

menos 30 días). Luego, pruebe a usar colores diferentes de ropa, uno a la vez. Después de usar el blanco, será particularmente sensible a otros colores y a sus combinaciones.

Desarrollo de la sensibilidad a las piedras de colores

El proceso de llegar a ser sensible a las piedras de colores es en gran parte el mismo que para llegar a ser sensible al color en sí. Cuando llega a ser consciente de las cualidades del color y de sus usos posibles, ha explorado sólo un aspecto de las piedras de color. También poseen propiedades de brillo, transparencia y tallado que deben tenerse en cuenta. Para llegar a ser sensible a una piedra de color, haga lo siguiente:

1. Despeje su mente, céntrese y conéctese con la tierra.
2. Concéntrese en la piedra mientras la sostiene con una o ambas manos, y formúlese las preguntas siguientes:
3. ¿Cómo le afecta el color? Formúlese todas las preguntas del paso 5 del primer proceso.
4. ¿La piedra resulta fría o cálida, independientemente de su color?
5. ¿Cómo siente su densidad y cómo le afecta esto?
6. ¿Qué otras vibraciones parece guardar la piedra? Céntrese en su tercer ojo mientras acerca la piedra hacia él. ¿Qué imágenes acuden a su mente? ¿Cuál es la historia que se asocia a esta piedra y cómo le afecta?
7. ¿Cuál es el tallado de la piedra? ¿Cómo parece afectar a sus otras cualidades?
8. ¿Qué otras cualidades intuye en esta piedra?
9. Deje la piedra, conéctese con la tierra y límpiese.

Lleve un registro de sus observaciones. Así podrá remitirse a ellas para usos futuros. De tanto en tanto, observará generalidades de la piedra que parecen ser válidas. Otras observaciones se aplicarán sólo a una piedra determinada o a una situación única.

Estos ejercicios anteriores no sólo darán información sobre colores y piedras de colores, sino que desarrollarán su capacidad para intuir rápida, precisa y fácilmente las cualidades y usos del color y de las piedras de colores en cada situación. Esto le permitirá utilizarlos con absoluta eficacia en el trabajo con cristales.

Una vez que ha desarrollado la capacidad para percibir rápida y exactamente las propiedades del color y de las piedras de colores, ¿cómo emplea esta habilidad en el trabajo con cristales? Básicamente, utiliza el color junto con los cristales de cuarzo para recrear el equilibrio y la armonía general en todo cuerpo o situación con el que esté trabajando. La técnica es la misma que cuando utiliza el sonido, la proyección emocional, los estados mentales y la visualización. Primero compruebe qué es lo que debe cambiarse. Céntrese y perciba la vibración que acompaña a ese estado. Perciba el color que mejor corresponda a ese estado vibracional. A continuación, utilice la voluntad y la concentración para cambiar el estado vibracional por uno mejor. Mientras hace esto, perciba el color que mejor corresponda al resultado deseado. Proyecte ese color mientras emplea su voluntad para cambiar la vibración. En su imaginación, vea cómo el color antiguo se transforma en uno nuevo. Esto aumentará la precisión y acelerará el proceso de cambio.

Si esto no le queda claro, quizá le resulte útil el siguiente ejemplo de cura de un dolor de cabeza en otra persona.

CURACIÓN DE DOLORES DE CABEZA

1. Perciba la vibración que acompaña al dolor de cabeza. ¿Cómo la siente?
2. Visualice o intuya el color asociado a la sensación del dolor de cabeza.
3. A continuación, perciba o visualice la sensación o vibración de una cabeza libre de tensión y dolor.

---

4. Perciba qué color corresponde a lo que siente en el paso 3.
5. Desee o quiera intensamente que la sensación o vibración del dolor de cabeza se convierta en la sensación nueva de una cabeza libre de dolor y envíela hacia la cabeza de la persona.
6. Mientras hace lo indicado en el paso n.° 5, visualice el nuevo color que corresponde a la sensación de una cabeza libre de dolor y envíela hacia la cabeza de la persona. Véala sustituir al color antiguo.
7. Para enviar el color hacia la cabeza de la persona, puede colocar en su frente una piedra de la misma tonalidad. O puede transmitir la tonalidad desde un cristal colmado de color que sostiene en su mano. También puede colocar en la cabeza de la persona una luz, una tela o cualquier otro material de color. En lugar de usar una piedra, un cristal, una luz u otro objeto de color, puede basarse en la visualización. (Recuerde, la eficacia de su visualización depende sólo de la intensidad de su poder de concentración y de su fuerza de voluntad.)
8. Si quiere continuar afectando esa zona sin estar presente, haga que la otra persona use la/s piedra/s de color directamente sobre la frente o cerca de su cabeza. O programe un cristal transparente para que actúe como un color determinado y colóquelo sobre o cerca de su cabeza.
9. Cuando haya terminado, asegúrese de limpiar las piedras y de hacer lo mismo con usted y con la otra persona.

Como puede verse, en el trabajo con colores y piedras de colores se utilizan en gran parte los mismos principios y técnicas empleadas en el trabajo con cristal transparente. Debe ser sensible, espontáneo, tenaz, estar concentrado y confiar en su propia sabiduría interior.

Aunque se le ha explicado cómo elegir y utilizar las piedras de color, a continuación se incluye una tabla para ayudarle a iniciar la tarea. Puede efectuar todo su trabajo con las piedras de color que se enumeran seguidamente. Sin embargo, si quiere trabajar con otra piedra o siente curiosidad por ella, inclúyala en la categoría más similar de esta tabla. Esto le dará una idea acerca de algunas de las cualidades de la piedra.

Se enumeran las cualidades generales y los usos para cada tipo de piedra. También se incluye en la tabla la parte del cuerpo sutil y físico que corresponde a cada categoría de piedra. Cada tipo de piedra se utiliza para realizar el trabajo en las zonas correspondientes del cuerpo sutil y físico. No obstante, las piedras no deben usarse sólo en esa zona del cuerpo. Pueden llevarse o utilizarse en cualquier parte del cuerpo para influirlo con sus cualidades.

Use las piedras incluidas en la tabla siguiendo los métodos descritos en el texto. Mientras continúa trabajando con cada piedra comenzará a observar más efectos particulares asociados a cada piedra individual, más allá de lo que se muestra en la tabla. Como se explicó en el libro, cada circunstancia en la que trabaja con sus piedras es diferente, por lo que la tabla sólo puede servir como una guía general. Para aprender más, ¡trabaje con sus piedras!

Herramientas de cristal

En casi todas las grandes culturas del pasado se han creado y utilizado herramientas de cristal de cuarzo, en forma de varitas o cetros; objetos de meditación, de curación y de poder; y de joyas ceremoniales. La información sobre estas herramientas y su uso quedaba restringida a los sacerdotes, a los místicos, a los chamanes, y a los sanadores y sus iniciados. En la actualidad se han «redescubierto» varias metodologías, que están a disposición de toda persona interesada en ellas.

Hoy en día, la confección de herramientas de cristal es un desafío creativo, pues implica colocación correcta, comprensión del cristal, y aplicación de diseño artístico y belleza. Cuando elija la herramienta que va a utilizar o llevar, debe tener en cuenta ciertas características más allá de su arte básico. ¿Cómo está sujeto el cristal? ¿A qué material/es está unido? ¿El metal u otro

TABLA DE PIEDRAS DE COLORES

Grupo de color	Emplazamiento de la energía sutil	Emplazamiento aproximado en el cuerpo físico	Tipos de piedras	Cualidades de las piedras	Algunos usos de las piedras (plano físico o centro sutil correspondiente, o en contacto con el cuerpo como un todo)
NEGRO	Centro de la tierra	Plantas de los pies	Obsidiana Ónix Jade negro Ágata Coral negro Pirita de hierro	Frío, solidez, quietud, sueño/descanso, ausencia de movimiento, serenidad	Abrir canales de energía desde la planta de los pies. Conectar con la tierra y centrar. Serenar la mente y las emociones. Concentración rápida y firme en el plano físico. Desacelerar/Detener el movimiento sutil o físico.
GRIS	Parte media de la tierra	Parte inferior de las piernas	Cuarzo ahumado Obsidiana Perla gris Ágata	Lo mismo que en el párrafo precedente, pero con menos quietud y un poco más de movimiento	Lo mismo que en el párrafo precedente, pero no tan extremado. Abrir los canales de energía de las piernas para abajo hasta la tierra.
MARRÓN	Superficie de la tierra	Parte superior de las piernas	Cuarzo ahumado Obsidiana Topacio marrón Ojo de tigre marrón Jaspe Ágata	Sosiego, cuidado, seguridad, calor, serenidad, placidez	Conectar ligeramente con la tierra y centrar la mente. Calmar las emociones. Activar los cuerpos físicos y/o sutiles. Abrir los canales de energía inferiores.
ROJO	Primer chakra, centro de la raíz, base de la columna vertebral	Base de la columna vertebral y corazón físico, sangre, circulación	Granate Rubí Coral Jaspe	Calor, fuego, hiperactividad	Abrir el primer chakra. Penetrar el condicionamiento mental. Generar cambio rápido/faculta la acción para energizar. Generar calor. Trabajar con el corazón, la sangre, la circulación.

Color	Chakra / canal	Zona	Piedras	Cualidades	Efectos
ROSA	El centro del corazón	Interior del centro del pecho, el corazón, toda zona que necesita un cambio moderado	Cuarzo rosa Turmalina rosa Rodocrosita Coral rosa Jade rosa Granate rosa	Bondad, amor, paz, calor	Levantar el ánimo deprimido, generar sentimientos de sosiego. Energizar moderadamente. Generar calor. Aliviar el estrés y la falta de armonía. Abrir el chakra del corazón. Abrir el canal de energía entre el primer chakra y el centro del corazón.
NARANJA	Segundo chakra	Cerca de los órganos sexuales, zona pélvica	Cornalina Ágata Citrino Madeira	Energía de la excitación sexual, calor, actividad, fuego	Energizar ligeramente. Aumentar la energía creativa. Aumentar la energía sexual. Fortalecer y estimular el segundo chakra.
DORADO O AMARILLO	Oro: el canal de energía entre su tercer chakra y a través de su centro de la corona Amarillo: tercer chakra	Cerca de la zona del ombligo hasta la parte superior de la cabeza	Citrino amarillo Cuarzo ligeramente ahumado Diamante amarillo	Calor, actividad, luz solar, energía creativa	Aumentar la energía masculina. Manifestar energía creativa en el plano físico. Levantar el ánimo deprimido. Energizar ligeramente el cuerpo físico y el sistema nervioso sutil. Trabajar sobre los pulmones, la respiración y la fuerza vital. Fortalecer y estimular el tercer chakra. Mejorar la fuerza de voluntad.
VERDE	Centro del corazón o cuarto chakra	El centro del pecho, toda zona que necesita enfriarse, los pulmones	Esmeralda Malaquita verde Peridoto Dioptasa verde Jade Calcita verde	Generosidad, prosperidad, nutrición, frescura, ligeramente sedante, agua	Relajar y expandir el centro del corazón. Calmar las emociones. Incrementar la conciencia positiva. Relajar los músculos y el cuerpo. Aumentar la capacidad de amar.
TURQUESA, AZUL CIELO O CLARO	Quinto chakra Centro de la garganta	Centro de la garganta, parte de la mandíbula y las orejas, parte posterior del cuello, base del cráneo	Turquesa Crisoprasa Aguamarina Topacio azul Malaquita azul Celestita	Cielo, liviandad, sosiego vibrante, alegría, astral	Viajes astrales. Relajación del estrés, particularmente en la mandíbula, en el cuello y en la parte superior de los hombros. Aumentar la soltura para verbalizar y cantar. Aumentar la eficacia de la comunicación. Abrir el canal de energía sutil desde el corazón hasta el tercer ojo.

			Turmalina azul		Unir el amor con la sabiduría, generando compasión. Eliminar los dolores de cabeza, calmar la fiebre.
AZUL REGIO OSCURO A ÍNDIGO	Sexto chakra Centro del tercer ojo	El centro de la frente, parte de las orejas, ojos y parte superior de la cabeza	Zafiro Lapislázuli Sodalita Turmalina azul oscuro	Realeza, espacio profundo, sosiego infinito, fuerza serena, espiritual	Serenar la mente. Volverse más intuitivo. Desarrollar sabiduría. Aumentar las aptitudes mentales. Centrarse y mantener la concentración. Mejorar la memoria. Mejorar la vista. Aquietar el cuerpo. Aumentar la capacidad de meditar. Aumentar la sensibilidad a la energía sutil.
PÚRPURA OSCURO A VIOLETA CLARO	Séptimo chakra Centro de la corona	Centro de la parte superior de la cabeza, ligeramente encima de la cabeza	Amatista Turmalina violeta	Serenidad, dulzura, expansión, realeza, armonizador, espiritual	Aumentar la espiritualidad, estimular el esclarecimiento. Curación sutil física, mental, emocional. Levantar el ánimo deprimido. Relajar el estrés. Aumentar la energía femenina. Eliminar los deseos no queridos. Desarrollar serenidad en el cuerpo, en la mente y en las emociones.
BLANCO	Centros superiores de energía además del centro de la corona	Encima de la parte superior de la cabeza	Cuarzo transparente Diamante blanco Perla Calcita	Claridad, brillo, luz, hielo, etéreo, potencial infinito, cambio continuo	El cuarzo transparente, los diamantes y a veces la calcita pueden programarse para que absorban las características y las aptitudes de cualquier piedra de color. Estas piedras se dan en todos los colores, por lo que tienen todos los usos posibles que están a su alcance. Pueden energizar, armonizar, curar y expandir las capacidades de todos los cuerpos. La calcita y las perlas pueden emplearse para fortalecer y estimular los huesos, el cabello y las uñas.

Nota: El ópalo queda incluido en la categoría del blanco pues contiene todos los colores. La única diferencia es que el ópalo, como el fuego, es cambiante y estimula la actividad del cambio. Sólo la gente muy estable puede utilizarlo.

material es adecuado para usted? ¿La colocación del cristal sobre su cuerpo le fortalece? ¿Ha colocado una joya de cristal sobre su cuerpo cerca de la zona que quiere tener «abierta», curada o energizada? En caso de que haya otras piedras de color incluidas en el diseño, ¿son las adecuadas para usted? ¿La herramienta de cristal parece equilibrada?

Todo objeto unido a la piedra añade aspectos de sí mismo a la herramienta de cristal. Por ejemplo, el hueso añadirá más del elemento terrestre. También influirá sobre la herramienta en general la naturaleza de la criatura de la cual procede el hueso. Las piedras semipreciosas tienen cualidades específicas debido a la diferencia en color y vibración, por lo que su combinación con el cristal afectará al objeto en su conjunto. Las plumas, a menudo asociadas a las herramientas ceremoniales o chamánicas, conectan la naturaleza y la esencia de ese ave particular con el objeto.

El cristal debería estar sujeto de modo tal que no dependa por completo del pegamento o de cualquier otra sustancia adhesiva, pues en ese caso es probable que se caiga en algún momento. El cristal no debería estar perforado horizontalmente (de lado a lado), porque eso obstaculiza el flujo de energía. La parte superior de la piedra no debería estar completamente cubierta, a fin de no oponerse a la tendencia del cristal a expandirse y contraerse ligeramente mientras se energiza.

Observe el diseño utilizado en cualquier herramienta o joya. Puede incluir símbolos cuya vibración afectará al cristal. Por ejemplo, los círculos, los cuadrados, los triángulos y otras formas geométricas tienen energías y significados particulares. Símbolos tales como estrellas pueden variar en su energía en función del número de puntas de la estrella y de la dirección de las puntas en relación con el cristal. Los yantras (diseños meditativos) y otra simbología arqueológica pueden combinarse con el cristal para crear meditación y herramientas de curación poderosas. Los sonidos germinales o palabras utilizados en los mantras también pueden emplearse de un modo similar aplicando el sonido o la palabra escrita al objeto de cristal. Por supuesto, también pueden integrarse con éxito objetos específicos, animales o seres mitológicos para que influyan sobre el cristal con su energía. Por ejemplo, la serpiente o víbora suele simbolizar el ascenso de la potencialidad creativa, expandiendo la energía kundalini. Este diseño es particularmente eficaz en una varita o herramienta destinada a elevar la energía para enviarla hacia afuera a través de la parte de cristal de la herramienta.

Estos aspectos son sólo algunos de los muchos que convierten a los cristales en herramientas poderosas. Si se siente atraído por una herramienta, objeto o joya, indague sobre los materiales y símbolos empleados en su confección. Luego escuche a su voz interior. Ella le dirá si es apropiada para usted. Por medio de la intuición guiada también recibirá información acerca del mejor modo de utilizarla. El uso consciente de las herramientas de cristal es un proceso interactivo, un canal de doble sentido entre usted y su herramienta. Usted dirige a ambos. De este modo, puede comprenderse el potencial de la herramienta, poniendo a su disposición conciencia realzada, energía, curación, magia, visión y poderes.

En las páginas siguientes se describen con más detalle los tipos de joyas, y objetos de altar y de poder que pueden hacerse con cristales de cuarzo. Se indican sus diferentes usos y se incluye información sobre metales, importancia del engarce, color de las piedras, conservación y equilibrio. Finalmente, se incluye información sobre los diferentes tipos de simbología que suelen utilizarse en el diseño de herramientas de cristal de cuarzo.

Dónde se llevan las joyas de cristal de cuarzo

Las joyas de cristal de cuarzo suelen llevarse sobre los meridianos de energía y cerca de los puntos de los chakras del cuerpo. Los cristales llevados en esas zonas tenderán a abrir y aumentar el flujo de energía en esa zona particular, que está en contacto directo con la piedra o muy cerca de ella. Por supuesto, como hasta un cristal pequeño irradiará un campo de energía de al menos 90 centímetros, toda joya de cristal tenderá a energizar y/o curar el cuerpo como un todo. Empero, la zona de mayor influencia es la más cercana al cristal.

Los **collares de cristal** se llevan en el centro de la garganta o pueden colgar sobre el centro del corazón o en algún lugar intermedio. Los que se llevan en la garganta abrirán y harán disponibles los atributos asociados. Los que se llevan sobre el corazón abrirán el chakra del corazón y efectuarán el trabajo curativo sobre el sistema circulatorio y el corazón físico. Un colgante llevado entre la garganta y el corazón trabajará sobre ambas zonas, además de suministrar curación para los pulmones y el aparato respiratorio. Cuando la punta señala hacia abajo, tiende a suministrar influencia terrestre, así como a energizar el cuerpo. Esto suele resultar más equilibrador. Cuando la punta señala hacia arriba, tiende a dirigir más energía hacia los chakras superiores mientras energiza el cuerpo. Si tiende a estar distraído o «ausente», esto podría resultar demasiado desconectador en su caso. Un cristal biterminado concentra iguales cantidades de energía hacia los centros superiores e inferiores. Un cristal biterminado apuntando de lado a lado tiende a concentrar la mayor cantidad de energía hacia el centro de su cuerpo en el nivel en que descansa el cristal. Un cristal que se lleva sobre el centro del corazón ayudará a desviar la negatividad y a suministrar equilibrio para sus energías corporales. Este equilibrio le ayudará a relajarse.

Las **pulseras de cristal** trabajan sobre los puntos del meridiano en las manos, y también canalizan la energía que entra y sale de los brazos y las manos. Las pulseras de cristal son excelentes para los sanadores, los masajistas y otras personas que trabajan con sus manos. Es particularmente efectivo y equilibrador para el cuerpo llevar un par de pulseras de cristal que estén igualmente combinadas o equilibradas en términos del tamaño y calidad de los cristales y metales que rodean a la piedra. Cuando se lleva una pulsera de cristal en la muñeca izquierda, el cristal debe apuntar hacia el hombro. El izquierdo es el lado receptivo, que generalmente atrae energía hacia el cuerpo. El cristal apuntando hacia usted ayudará en este proceso. Si lleva la pulsera en la muñeca izquierda, haga que el cristal apunte hacia los dedos para contribuir al proceso de la canalización de salida del lado derecho. Este uso de los cristales ayudará a equilibrar su energía sol/luna o masculina/femenina, así como a aumentar el flujo a través de sus manos.

Los **anillos de cristal** ayudarán a abrir los canales de energía en la punta de sus dedos. Cada dedo particular tendrá un efecto diferente, pues cada uno de ellos está asociado a un tipo particular de energía. Existen varios sistemas que muestran la energía asociada a cada dedo. En un sistema, el quinto dedo se asocia a la energía psíquica, el cuarto dedo a la energía solar o vitalidad y el tercer dedo a la fuerza de voluntad o energía de Saturno. El segundo dedo se asocia a la sabiduría. (En general, no se lleva anillo en ese dedo.) Los anillos usados en varios dedos combinan estas energías. Como en el caso del uso de pulseras, el lado derecho canaliza la energía que sale de usted y el izquierdo canaliza la energía que entra en usted.

Los **pendientes de cristal** se llevan sobre los puntos reales de acupuntura, o muy cerca de ellos, que trabajan directamente sobre el tercer ojo. Por consiguiente, son muy estimulantes para este centro y aumentan sus poderes intuitivos y psíquicos. También trabajan con toda la zona de la cabeza para suministrar curación a los senos, los oídos y los ojos. Nuevamente, los pendientes de cristal llevados sobre el lado izquierdo canalizarán energía hacia usted y centrarán la curación en el lado izquierdo. Los pendientes de cristal llevados sobre el lado derecho centran la curación en el lado derecho y canalizan la energía que sale de usted. Puede trabajar con ellos para equilibrar los dos hemisferios del cerebro. Un pendiente aumentará la energía del hemisferio que se halla más cerca.

Las **cintas de pelo** de cristal colocan la piedra directamente sobre el punto del tercer ojo, por lo que trabajarán aún más directamente para abrir el tercer ojo y sus diversos poderes.

Las **coronas y adornos de cabeza** ayudan a abrir el centro de la corona, el canal de energía que le abre a la conciencia más elevada que luego fluye a través de su cuerpo.

Los **cinturones** de cristal ayudan a abrir y estimular el centro del ombligo. Esto ayuda a descargar la ira reprimida y fortalece el sistema nervioso. Si sus centros superiores están abiertos, ello contribuirá a equilibrar las energías de su cuerpo.

Las **tobilleras o ajorcas de cristal** pueden llevarse para ayudarse a permanecer en contacto con la tierra. También abrirán los meridianos de energía en la planta de los pies, así como los canales que descienden por sus piernas. Los anillos llevados en los dedos de los pies abrirán los canales de la energía que sale por sus puntas. Como en el caso de los dedos de la mano, cada dedo del pie está conectado con una forma particular de energía.

Las **varitas** amplifican la energía de las piedras y generan un haz de energía semejante a un rayo láser, que puede orientarse para obtener ciertos efectos. Una varita puede utilizarse en conjunción con la intención de penetrar, dispersar, formar, eliminar y orientar de cualquier otra forma la energía sutil de un modo sumamente poderoso y preciso. Se utilizan en curación, cirugía psíquica, ceremonias rituales y cualquier otra situación que requiera un flujo de energía potente y preciso. También son admirados como bellos objetos esculturales. Los cristales incluidos en una varita deberían apuntar siempre en una sola dirección, a fin de que el flujo de energía se amplifique en ese sentido. Si hay una piedra en la parte inferior que apunta hacia afuera del vértice, restará fuerza al flujo de energía. Hasta puede impedirlo. Una piedra que apunta de lado a lado en la parte inferior de la varita no interferirá con el flujo unidireccional de energía.

Los **dorjes** son similares a las varitas, pero tienen cristales que apuntan en direcciones contrarias en cada extremo. Los cristales en cada extremo deben ser de la misma fuerza y tamaño. También se utilizan para dirigir la energía, a menudo en conjunción con las posiciones de las manos o con el sonido. Así se genera una fuente de energía separada del dorje. Luego el dorje gira, invierte el sentido y dirige el flujo en sentido contrario. El dorje puede emplearse para representar a la columna vertebral o al flujo de energía kundalini subiendo por la médula espinal. Puede estar armonizado con esta energía y luego ser manipulado para ajustar, desbloquear, amplificar o cambiar ese flujo.

Los **péndulos de cristal** son herramientas que se utilizan para reflejar la conciencia interior subconsciente que fluye continuamente a través de usted. También pueden emplearse para medir campos de energía y las corrientes sutiles de energía dentro de su cuerpo sutil. Un péndulo incluye un cristal de cuarzo que apunta hacia abajo, suspendido de una cadena o cuerda de aproximadamente 13 centímetros de largo. El cristal debería estar equilibrado, de modo que la parte superior apunte exactamente hacia abajo en lugar de balancearse ligeramente de un lado a otro. La mayoría de la gente prefiere que las facetas del cristal sean lo más uniformes posible, por considerar que así será más preciso. Para trabajar con un péndulo, sostenga la cadena o cuerda a unos ocho a 11 centímetros del cristal, dejando que la piedra se balancee libremente. Céntrese mentalmente en el cristal y use su mente para hacer que el cristal rote en direcciones diferentes.

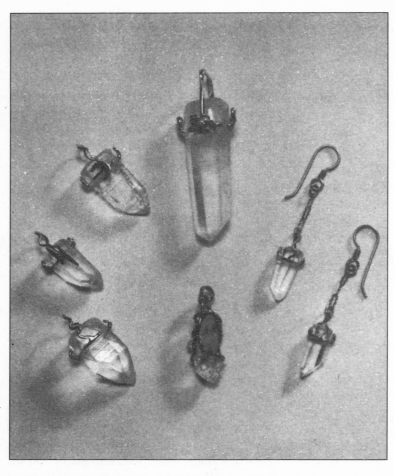

Colgantes y pendientes de cristal de cuarzo. Plata de ley y oro macizo.

Vea cómo el péndulo refleja su mente. Ahora, piense o diga la palabra «sí» y vea de qué modo rota el péndulo. Luego céntrese en la palabra «no». Debería rotar en la dirección contraria. Una vez que ha determinado la dirección de rotación (que en general es en el sentido de las agujas del reloj para «sí»), puede comenzar a utilizarlo para responder cualquier indagación que requiera una respuesta «sí» o «no». Formule su pregunta y luego manten-

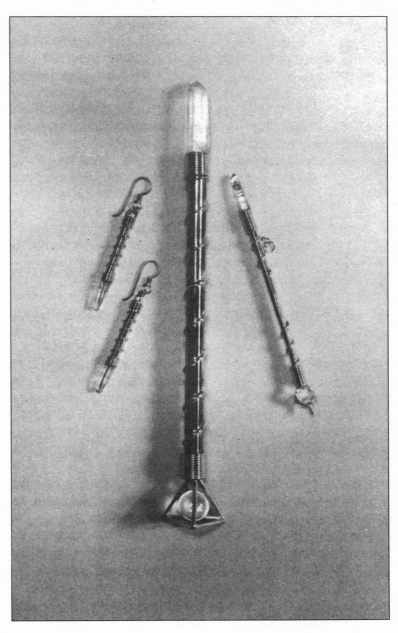

Varitas y pendientes de varita.

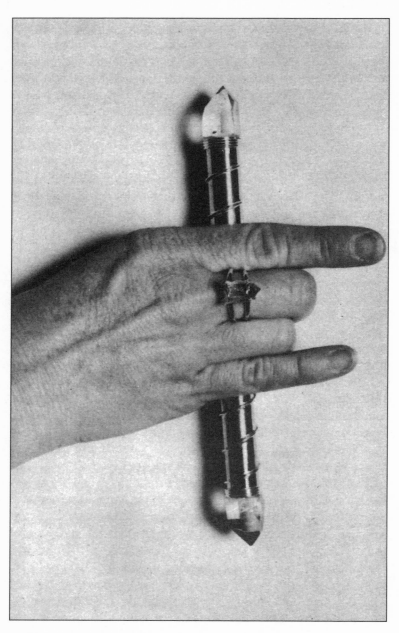

Utilización del dorje con anillo de cristal de cuarzo.

ga la mente en «blanco» hasta recibir su respuesta, indicada por la dirección de rotación del péndulo.

Puede emplear el péndulo para medir la fuerza o proyección de un campo de energía. Dirija mentalmente el péndulo de cristal para que rote cuando detecte un campo de energía. Cuanto más fuerte sea la rotación, más fuerte será el campo de energía. Puede encontrar el centro de cualquier campo de energía hallando el punto máximo de rotación. Puede medir la proyección del campo de energía alejándose del centro hasta que el péndulo deja de rotar o balancearse. Haga esto en muchas direcciones para medir el alcance del campo de energía. Para medir el flujo de energía sutil en el cuerpo, mantenga el péndulo unos 15 centímetros más alto que la superficie del cuerpo. Luego, desplácelo sobre el cuerpo. El balanceo o rotación del péndulo reflejará la dirección y la intensidad del flujo de energía sutil. El péndulo puede utilizarse para abrir los chakras haciéndolo girar mentalmente en el sentido de las agujas del reloj encima de cada chakra. Para cerrar un chakra, mentalmente haga que el péndulo gire en sentido contrario al de las agujas del reloj. El mejor modo de llegar a familiarizarse con los numerosos usos de un péndulo es experimentar con él. Cuanto más lo utilice, mayor será su precisión. Como con otras joyas de cristal, asegúrese de que el cristal, el metal u otros materiales utilizados en su construcción, así como cualquier simbología o piedras de color añadidas, son adecuadas para usted.

Cómo se hacen las joyas

Cómo se hacen las joyas y quién las hace son dos cuestiones muy importantes. La conciencia de la gente que hace las joyas y el lugar en que las hace se reflejarán en la misma joya. Si la persona que hace la joya es feliz, consciente de una conciencia superior y conocedora de las cualidades de las piedras, será capaz de percibir la diferencia en términos de la vibración de los cristales y de la joya como un todo. Tenga en cuenta estas consideraciones cuando adquiera una joya. Las joyas no sólo deberían tener buen aspecto, sino que también tendrían que gustarle.

Cómo se engarza una piedra

La manera en que se hace una joya, y particularmente el modo en que se engarza la piedra, es una cuestión muy importante. Una piedra debería engarzarse sin que se interrumpa o se reduzca el flujo de energía procedente de ella. Por ejemplo, la base o fondo del cristal no debería estar cubierto por completo. Esto impide el flujo de energía de la piedra. Esta cobertura recibe el nombre de corona o funda. En general, la corona o funda se mantiene en su lugar con pegamento. Esto forma una espesa capa de sedimento a través de la cual debe pasar la vibración del cristal. Esta obstrucción dificulta el flujo de energía procedente del cristal. Hablando en términos prácticos, si un engarce se basa por completo en el pegamento para mantener el cristal en su lugar, las probabilidades de que la piedra termine por perderse son elevadas.

Si una piedra presenta una perforación, asegúrese de que no haya sido agujereada en forma horizontal atravesando el cristal de lado a lado. Esto cierra por completo el paso al flujo de energía a través del cristal. Es correcto perforar o tallar una piedra, siempre y cuando no se haga en sentido horizontal.

En general, es mejor un engarce más abierto. Esto permite el flujo óptimo de energía a través de la piedra y hace posible que fuentes de energía naturales, como la luz solar, el viento y el agua, la carguen mientras la lleva puesta. Si recarga continuamente su piedra mientras la lleva puesta, estará cargando de manera constante su cuerpo con energía creciente. De este modo se genera un círculo de energía que se renueva en forma ininterrumpida.

Metales

Todo lo que se halla en torno a un cristal ejerce influencia sobre la piedra. Por consiguiente, es importante elegir metales que sean buenos conductores y que canalicen influencias provechosas: estos metales son la plata, el oro, el cobre o combinaciones de ellos. Salvo en raros casos, no se utiliza ningún metal que contenga plomo, porque este elemento detiene u obstruye el flujo de energía del cristal.

Cada metal tiene sus características, que deberían tomarse en cuenta y combinarse con la energía y los objetivos de quien trabaja con cristales. La plata tiende a canalizar la energía de la luna, del agua o femenina. El oro canaliza la energía solar, del fuego o masculina. El cobre tiende a canalizar la energía del fuego y de la tierra. El latón canaliza fundamentalmente al fuego, aunque no es tan etéreo como el oro. La vibración del latón es más aguda que la del oro. Los metales pueden combinarse para obtener una mezcla de energía sol/luna o sol/luna/tierra.

Si considera la posibilidad de utilizar un objeto de metal plateado, averigüe cuál es el metal base. ¿Es una cualidad que quiere que incida en usted? ¿Incluye plomo? Con frecuencia, un cristal plateado de bajo precio incluye un metal de base no deseado.

A veces el acero es un metal útil para llevar con cristales. Conecta con el plano terrenal y da fuerza para mantener más elevada la conciencia mientras se manifiesta en el plano físico.

Además de engarzarse en fundas o coronas de metales, los cristales pueden estar montados o envueltos en otros materiales, como cuero, tela o una artesanía de cuenta hecha por los nativos americanos. Estos materiales ejercerán influencia sobre el cristal y deberían elegirse en concordancia. El cuero influye sobre el cristal, tanto con la energía de la tierra como con las cualidades del animal cuya piel se utiliza con la piedra. Tenga en cuenta el color y otras cualidades de la tela. ¿Cómo la siente al tacto? Es apropiado utilizar una cuerda de seda, algodón o cualquier otra fibra natural. Los materiales sintéticos no filtran ni transmiten bien la energía del cristal.

¿Cómo elegir el metal que se adapte mejor a usted? En general, aquel que le atraiga será el mejor en su caso. Emplee el mismo proceso que utilizó para elegir un cristal. Observe qué es lo que parece atraerle de él. Si le atrae, es probable que resuene en armonía con usted. Elija ese metal. Quizá descubra que necesita cambiar de metales cuando cambie sus energías. Puede cambiar cada día, a cualquier ritmo, o no hacerlo en absoluto. Tenga en cuenta el equilibrio de sus energías corporales. Si siente que tiene mucho fuego dentro de usted y necesita atenuarlo o calmarlo, entonces elija la plata. Si tiende a estar alicaído, entonces escoja el oro. Si tiende a estar desconectado de la tierra o a ser demasiado etéreo, elija el cobre. Reflexione sobre lo que trata de lograr en su trabajo con los cristales. Básicamente, para elegir un metal remítase a su intuición.

Elección de una joya de cristal

Una joya de cristal se elige del mismo modo en que se escogería un cristal. Utilice su intuición y escoja aquella por la que se sienta más atraído. Si debe elegir una joya de cristal para otro, concéntrese en esa persona mientras la examina. Cuando está concentrado en la persona, observe qué le atrae de ella. Al hacerlo, comenzará a vibrar armoniosamente y el cristal que elija vibrará en consonancia y será apropiado para esa persona.

Cuando elija una joya de cristal, observe también si la piedra está pulida o si conserva su brillo natural. Una u otra posibilidad tiene sus ventajas, que deberían tenerse en cuenta cuando se proceda a la selección de un cristal. Un cristal pulido tiende a crear un campo de energía más dúctil, más redondeado. Un cristal que conserva su aspecto natural tiende a parecerse más a un rayo láser en sus proyecciones. A veces, el pulido de un cristal puede resaltar su brillo, acrecentando su fuerza. A veces, cuando se talla y se pule una piedra se libera más de su poder. Sin embargo, el tallador debe ser consciente de las propiedades sutiles de la piedra cuando haga su trabajo. Si el tallado no sigue el flujo natural de energía, el poder de la piedra se verá obstaculizado o cercenado por completo. Una piedra natural no siempre es mejor que una piedra tallada y pulida, o viceversa. Cada piedra es única y tiene que ser examinada individualmente cuando se tome la decisión. Por último, mientras hace su elección, sostenga el objeto un rato en su mano y compruebe cómo lo siente al tacto y el modo en que interactúa con los diversos centros de su cuerpo. Emplee su intuición y su sensibilidad.

Limpieza

Toda vez que adquiera una joya de cristal, proceda de inmediato a limpiarla con respiración, humo o agua salada antes de usarla.

(El agua salada puede tender a oxidar el metal, en particular a la plata.) Puede hacerse una excepción si es capaz de percibir todas las influencias presentes en la joya y quiere conservarlas. De lo contrario, limpie el cristal de toda influencia que le haya entrado como resultado del trabajo que se haya hecho en él y de su manipulación. Por ejemplo, algunos de los métodos que se emplean para trabajar el metal incluyen el martilleo y la aplicación de calor. Si no se procede a la operación de limpieza, esto puede tener un efecto muy irritante sobre usted. Recuerde, cuando limpia una joya no sólo limpia al cristal y a otras piedras, sino también al metal o a cualquier otro material que se haya utilizado en ella.

También debería limpiar su joya toda vez que haya estado enfermo. Límpiela también si ha estado en un entorno que podría haber transmitido hacia sus piedras vibraciones no deseadas. Límpiela si alguien toca su joya y usted no siente una afinidad particular con esa persona. Las joyas antiguas deberían limpiarse habitualmente.

Equilibrio

Cuando lleve su joya de cristal, es importante que sea consciente del equilibrio. No deseará caer en un estado de desequilibrio al concentrar demasiada energía continuamente en un punto chakra. Por ejemplo, si lleva continuamente una piedra sobre su tercer ojo, puede llegar a estar desconectado de la tierra y, así, resultar ineficaz en el universo físico. Por lo tanto, si lleva una joya sobre el tercer ojo o como pendientes, es conveniente llevar de tanto en tanto una piedra en el punto del ombligo para equilibrar. No utilice las aptitudes de amplificación del cristal para mantenerse en un estado constante de energía elevada sin concederse descanso. Puede cansar al cuerpo físico y atraer la enfermedad. Si le parece que eso es lo que le sucede, puede quitarse las piedras y no llevar la joya durante un tiempo. Los cristales son poderosos. Cuando los lleve, tenga la responsabilidad, ante usted y ante quienes le rodean, de evaluar lo que está sucediendo.

Programación

Las joyas de cristal pueden programarse del mismo modo en que se programaría un cristal. Todo lo que puede hacerse con un cristal puede hacerse con una joya de cristal. El hecho de que un cristal esté engarzado en una joya hace que sea posible llevar la piedra todo el tiempo con usted y trabajar con ella toda vez que se desee. A veces los cristales se venden «pre-programados». A menos que conozca a la persona que programó el cristal y sienta afinidad con ella, es mejor que lo programe usted mismo. Un cristal programado pensando en usted tiene un efecto más fuerte que uno programado sin pensar en nadie en particular.

Conservación de las joyas de cristal

Para la conservación de las joyas de cristal aplique las mismas consideraciones indicadas para los cristales. Si las envuelve para guardarlas, use sólo fibras naturales. Tal vez quiera guardarlas en un altar o en otro lugar especial. Si no quiere que los demás toquen su joya, haga que no llame la atención. Guárdela en un lugar que pase inadvertido. Para mantener su sonoridad máxima, no guarde su joya en medio de una mezcla desordenada de objetos. Las joyas son herramientas. Tenga respeto por ellas.

Piedras de colores

Las joyas de cristal suelen hacerse con cristales transparentes o amatistas. Con menos frecuencia, se hacen utilizando cristales de turmalina, ahumados, citrino, aguamarina u otros naturales. A estas piedras pueden estar pegadas otras piedras de colores, talladas y pulidas. Cuando se incluye una piedra de color en el engarce de una joya de cristal transparente se amplifican las propiedades y los efectos de la piedra de color. El efecto resultante para usted es como si estuviese llevando una piedra de color de tamaño mucho mayor al real.

Un cristal transparente es la piedra más versátil. Puede programarse con cualquier color con el que se desee trabajar y después exhibe las características de ese tipo o tonalidad de piedra. Cuando ya no quiera trabajar con ese color, puede eliminarlo del cristal. Si lo desea, entonces puede proceder a programarlo con otro color.

Muchas personas prefieren trabajar con cristales de amatista, que son útiles en cualquier tipo de trabajo curativo. También influyen sobre su cuerpo con una vibración consciente espiritual o más elevada.

Cuando se lleva una joya de cristal cerca de un chakra determinado o de un meridiano de energía, a menudo resulta útil acompañarla de una piedra más pequeña que tenga un color que corresponda a ese punto. Además, esto estimula esos chakras o puntos del meridiano. Por ejemplo, si lleva un collar cerca del centro de la garganta, podría incluir una piedra de ágata turquesa o azul con el cristal transparente o amatista. Si tiende a tener dolor, ronquera o infección en la zona de la garganta, le convendría llevar un color verde más refrescante, que puede encontrar en el jade, la adventurina o la malaquita. El cuarzo rosa, la malaquita o la esmeralda son excelentes para acompañar a un cristal transparente que estará en un collar sobre su centro del corazón. El lapislázuli y el zafiro son buenos para acompañar a cualquier cristal que esté afectando al centro del tercer ojo. Añada una amatista a las piedras sobre su centro de la coronilla. Los citrinos amarillos son excelentes para la zona del ombligo. Esta piedra es muy buena cuando se utiliza en cuestiones relativas a la manifestación de la voluntad, de la creatividad o del plano físico. Las piedras de color naranja, como el citrino de cornalina o de madera, son excelentes para todo lo que corresponde a la zona del segundo chakra. Los granates y los rubíes son excelentes para las energías del primer chakra. Por último, cualquier piedra en sintonía con la tierra resulta útil para serenar y conectar con la tierra.

Puede ser útil remitirse a guías que le muestren sistemas de colocación y uso de piedras de color. *Sin embargo, lo más eficaz es ser capaz de sensibilizarse a los efectos del color y luego aplicarlo a cada caso particular.* Nuevamente, confíe en su propia intuición y sabiduría interior, como cuando efectúa sus trabajos con cristales.

Finalmente, el tallado de una piedra de color también incide en sus efectos. Algunas piedras son más fuertes cuando están facetadas, porque el tallado libera su poder. Una vez más, utilice su intuición y compruebe cómo siente una piedra determinada. La marca de diseño y trabajo de una buena joya se reconoce en la cualidad única de cada piedra, y en que esté tallada y engarzada del modo más apropiado.

Objetos de poder y esculturas de cristal

Un objeto de poder es una herramienta que aumenta su capacidad para trabajar con energía sutil y le faculta para realizar ciertas tareas que está llamado a hacer. Los cristales de cuarzo son objetos de poder por sí mismos. No obstante, existen modos de combinar el cristal de cuarzo con otros objetos o materiales para hacer un objeto de poder que sea únicamente suyo o esté destinado a un objeto específico. Por ejemplo, muchos objetos de poder chamánico incluyen plumas de determinadas aves. Cada uno de los pájaros de los que proceden las plumas representan un tipo determinado de energía. El búho se considera una representación de la muerte. Para otros, significa que es un ave que representa la transición. El águila es el ave que vuela más cerca del cielo, más cerca de Dios y representa esa energía. El cuervo suele considerarse como el mensajero del águila. En algunas tradiciones, el cuervo es como el mismo águila. Cuando se une una pluma a un cristal, se le suma la cualidad del ave del cual procede. Las plumas también pueden utilizarse como una varita mágica.

También puede hacer esculturas de cristal para poner en su habitación. Puede tener cristales en todo ambiente que quiera afectar con su energía. Ésta también es una manera de tener cristales en cualquier ambiente sin que parezca «extraño» o inapropiado. La escultura de cristal es un buen modo de exponer la belleza natural del cristal para que luzca al máximo.

Varita de cristal de cuarzo con madera fosilizada, plumas de guacama-
yo, metales mezclados y piedras de colores.

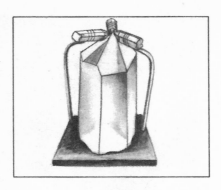

Cristal generador

Esto consiste en una formación y combinación particular de cristales y metales, que genera un campo de energía sumamente grande y poderoso. Utílicelo para inundar una gran habitación o incluso toda una casa con energía de cristal. Emplee esto toda vez que necesite la influencia de una gran cantidad de energía. A continuación se muestra la formación de un cristal generador. Use un cristal de gran tamaño en el centro, que colocará en posición vertical. (Un cristal de al menos 15 centímetros de alto por 10 centímetros de diámetro.) Colóquelo sobre una superficie negra, un libro sagrado o encima de cualquier superficie que desvíe energía en lugar de absorberla. Elija tres cristales más pequeños del tamaño que prefiera. Colóquelos apuntando hacia arriba, de modo que las puntas miren hacia adentro en dirección al ápice del cristal grande. (Las puntas pueden tocarse o los cristales más pequeños pueden estar ligeramente separados del ápice del cristal grande.) Coloque el primer cristal más pequeño en el lugar en que está la cara mayor del cristal grande. Luego coloque los otros dos cristales pequeños sobre otras dos caras del cristal grande. Envuelva un cristal pequeño con cobre, otro con plata y el tercero con oro. Cuando haya hecho esto, su generador estará listo. A algunas personas les gusta intensificar la activación del generador con visualización, sonido o luz.

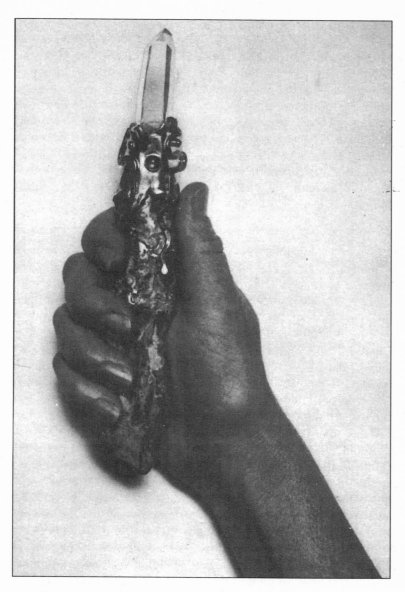

Cuchillo de cristal de cuarzo con madera petrificada, piedras de colores y metales mezclados. Simboliza el atajo de la ilusión hacia la verdad. También se utiliza para cirugía psíquica, y para recortar y redistribuir la vibración en el campo sutil.

Simbología

Puede emplearse cierta simbología en conjunción con el cristal. Esto hace que el cristal vibre con los atributos de ese símbolo y le afecte a usted del mismo modo. En un objeto de poder pueden utilizarse números, dibujos, fotos o cualquier otro objeto que tenga significado personal para usted. Los objetos de poder pueden llevarse puestos o con uno para utilizarlos en actos ceremoniales, curativos u otras ocasiones adecuadas.

A continuación se incluye una lista de algunos de los símbolos más tradicionales y de sus significados. Como comprobará, suelen involucrar joyas de cristal.

Triángulo: la trinidad, el infinito.

Círculo: el infinito.

Cuadrado: los cuatro puntos cardinales, el espacio finito, las cuatro estaciones.

Pentagrama, o estrella de cinco puntas apuntando hacia arriba: el ser humano perfecto, los cinco elementos.

El sello de Salomón o estrella de seis puntas: la unión e interacción de la materia y del espíritu, o de la forma y de la ausencia de forma.

Serpiente: energía kundalini.

Unicornio: pureza y fuerza.

Sol: principio masculino, luz, manifestación.

Luna: principio femenino, energía receptiva.

Luna creciente con los cuernos hacia arriba: el principio de la Diosa, Isis.

Ankh: el símbolo de la generación o de la vida duradera, la fertilidad.

Corazón: amor.

Ying yang: símbolo de la unidad de los contrarios, la interacción y unidad de la energía masculina y femenina.

Om: conciencia cósmica o realización más elevada.

Ojo de Horus: principio solar masculino, protección contra la enfermedad, potenciador de la vida.

Aguila: unión con el espíritu supremo.

Signo del dólar: prosperidad (esto puede combinarse con el signo de Om si se quiere que la prosperidad acompañe a la sabiduría).

Tridente: Shiva, o el Ser realizado, energía creativa masculina, Neptuno.

Pez: espíritu de Cristo.

Delfín: cruce de especies, comunicación y unión de la conciencia.

Cruz: espíritu de Cristo, los cuatro puntos cardinales

Flor de loto: pureza, realización.

Mano con dedos extendidos, palma hacia adelante: signo de la bendición.

Mano con el pulgar y el dedo índice tocándose: gyan mudra, sabiduría y conocimiento.

Sol: energía solar, masculina, fuerza vital, luz o comprensión de la verdad.

Éstos son sólo algunos de los símbolos de uso más común. A cada objeto pueden atribuírsele muchos significados. Cada grupo religioso tiene su propia simbología de poder, como muchas otras organizaciones. Por consiguiente, los tipos de símbolos son infinitos. Lo mejor a hacer cuando se enfrente a una simbología evidente, es investigar el significado consultando diversos materiales de referencia, o comprobar intuitivamente qué significa para usted.

Medicina sagrada... Sustancias alucinógenas y trabajo con cristales de cuarzo

En ciertos sistemas antiguos y modernos de trabajo espiritual y metafísico, el consumo de sustancias alucinógenas se practica como un modo de desplazar la conciencia desde una realidad limitada basada en sensaciones físicas del universo físico hacia una visión de la realidad mucho más expansiva. Cuando se ingieren estas sustancias, la energía kundalini sube temporariamente y los centros de energía superiores llegan a estar temporariamente energizados. Cuando sucede eso, la conciencia y los poderes asociados a esos centros llegan a estar disponibles temporariamente para la persona, que consigue experimentar una visión del universo en continua expansión. Puede aprender de esos poderes y utilizarlos. Puede llegar a ser consciente de los planos etéreos, astrales, mentales y otros igualmente elevados, y operar en ellos. Puede obtener mucho conocimiento a partir de esa experiencia. Por esta razón, algunas de las tradiciones chamánica, shiva y otras que utilizan sustancias alucinógenas las llaman medicina sagrada. Cuando se utilizan, se hace de una manera sagrada. Se elige un ambiente apropiado, se escogen determinadas deidades, y con la plegaria se invoca a un guía superior o al yo interior. Luego hay que someterse a cierta preparación, y a continuación se realizan prácticas específicas. Esta medicina sagrada nunca se considera como una «fiesta con drogas». Es algo mucho más especial, una entrada a lo Divino.

Como puede verse, existen muchas cosas positivas que pueden suceder con el uso de medicina sagrada. No obstante, también implica muchos inconvenientes. Para muchas personas los inconvenientes pesan más que los aspectos positivos. En primer lugar, aunque el uso de sustancias alucinógenas puede producir una experiencia metafísica, es sólo una visión temporal. La persona ve lo que es posible, pero no desarrolla el mecanismo para hacerlo por sí misma sin la ayuda de las sustancias. Asimismo, el uso de sustancias alucinógenas debilita al cuerpo. Por ejemplo, cantidades crecientes de energía pueden recorrer su cuerpo antes de que tenga fuerza para manejarla. Esto debilita el sistema nervioso. Cuando el sistema nervioso está débil, la persona no sólo tiende a sentirse mal, sino que no tiene fuerza para mantener la concentración por más tiempo. Suele llegar a estar desconectada de la tierra. El sistema muscular psíquico que necesita desarrollar para trabajar en los planos más elevados queda debilitado o destruido. Las energías corporales resultan desequilibradas. En resumen, la persona debilita o destruye aquellas aptitudes que necesita para experimentar la conciencia superior sin la ayuda de esas sustancias.

Puede crearse una dependencia de la sustancia que, además, destruye la capacidad para llegar a esos estados superiores de conciencia. ¿Qué hará cuando no disponga de la sustancia? (No puede llevársela con usted cuando muera.) Asimismo, suele producirse una dependencia más sutil. La persona comienza a pensar secretamente que necesita tomar las sustancias para tener acceso a planos superiores, a la sabiduría e incluso a su propio guía interior. Esto no sólo destruye la seguridad que necesita para realizar el trabajo con cristales, sino que finalmente puede bloquear la capacidad para oír a su propio guía interior o sabiduría.

Si elige emplear medicina sagrada en su trabajo metafísico o espiritual con cristales, es mejor que lo haga teniendo presente lo siguiente: muchas prácticas y ejercicios desarrollarán su cuerpo, su mente y sus emociones para que esté en condiciones de trabajar con cristales sin mezclarlos con sustancias. Por consiguiente, es mejor trabajar con un maestro experto en el uso de medicina sagrada.

El equilibrio es la clave en todo trabajo con medicina sagrada. Sea consciente de lo que sucede con usted en todos los niveles. Si descubre que comienza a sentirse mal, que su sistema nervioso se debilita o que empieza a perder la fuerza para canalizar a través de su cuerpo la energía desencadenada, deje de tomar las sustancias durante un tiempo. Simultáneamente, céntrese incluso más en la realización de las prácticas que se requieren para recuperar la salud y la fuerza. Debe desarrollarse más de lo que está debilitándose. Sea consciente y veraz, como ante los efectos de cualquier sustancia.

Si quiere utilizar la medicina sagrada, úsela para tener una visión de lo que es posible; luego emplee esa experiencia para que le lleve a trabajar sobre usted mismo. No la utilice en lugar de la labor que debe hacerse para trabajar efectivamente con cristales. Serene su mente, y aprenda a conectarse con la tierra y centrarse. Aprenda a elevar su energía en forma natural y sea consciente de los planos más elevados para efectuar su trabajo con cristales. Se recomienda utilizar esta medicina con un maestro experto. Sobre todo, úsela de una manera sagrada.

El cuidado personal

Cuando trabaja con cristales de cuarzo o realiza cualquier forma de trabajo metafísico, está trabajando con energía o vibración. Lleva hacia su cuerpo y a través de él enormes cantidades de energía intensificada con el objeto de realizar su trabajo. Esta energía es formidable. Es la fuerza vital del universo. También es sumamente sutil. De hecho, es fácil no advertir el alcance de la energía que lleva hacia su cuerpo. Esto puede deberse a que no tiene el desarrollo suficiente para ser consciente de ello, o a que ha llegado a habituarse y no lo advierte. Debido a la fuerza y a la intensidad de esa energía que utiliza para realizar el trabajo con cristales, si no cuida de su cuerpo y lo fortalece, si no se regenera, esa energía terminará volviéndose contra usted.

Como se explicó antes, su cuerpo debería ser como un enorme tubo hueco a través del cual la energía fluye libremente, sin bloqueos ni obstáculos. Usted atrae la energía hacia el interior de su cuerpo, hace que circule por él de manera adecuada y la envía hacia afuera, sólo para recoger más: un círculo de energía que fluye libremente. Si su cuerpo no es lo bastante fuerte o si hay bloqueos, no puede existir ese «tubo» de energía de flujo libre. La energía queda bloqueada o es mal encauzada, y tiende a alojarse en las zonas más débiles de su organismo. Así, por ejemplo, si está realizando una curación, la energía que atrae de la persona que está curando puede llegar a quedar atrapada en usted, afectándole de diversos modos negativos, o puede rebotar de su cuerpo para afectar a otros negativamente.

El trabajo con cristales, el trabajo psíquico, el trabajo curativo o cualquier trabajo de carácter metafísico, emplea los chakras superiores o centros de energía: los centros del tercer ojo, de la corona, de la garganta y/o del corazón. Cuando utiliza estos centros, la frecuencia vibratoria de su/s cuerpo/s es mayor, pues está trabajando con la vibración que hay a su alrededor. Para experimentar esto, pruebe el proceso siguiente: Siéntese en silencio y perciba la vibración que hay a su alrededor en la habitación en que se encuentra. No haga nada. Limítese a estar sentado y a percibir la vibración a su alrededor y en su cuerpo. Entonces medite sobre el punto de su tercer ojo. Haga respiraciones profundas y prolongadas, como si aspirase y espirase desde el punto de su tercer ojo. Haga esto durante quince minutos. Luego, haga una respiración profunda, contenga el aire y suéltelo. Ahora, abra los ojos y observe qué ha sucedido con la frecuencia vibratoria a su alrededor. Observe la enorme aceleración de la vibración, tanto a su alrededor como en su cuerpo. Esto le da cierta idea de la energía con la que está trabajando. Muchas personas que realizan trabajo metafísico y con cristales no sintonizan conscientemente con las cantidades de energía que están en uso, con esa frecuencia

192

vibratoria acelerada. Si no sintoniza usted mismo con esto y crea un cuerpo con la claridad y fuerza necesarias para manejarlo, puede comenzar a «desmoronarse», física, mental, psíquica y espiritualmente.

¿Cuáles son los signos que debe buscar cuando comience a desmoronarse y a ser incapaz de canalizar esa energía? Estos signos incluyen lo siguiente: Puede comenzar a ganar peso. Por ejemplo, el peso excesivo suele utilizarse como una armadura, o como un intento de conectarse con la tierra. O puede suceder lo contrario. Puede comenzar a perder peso. Su mente puede llegar a estar confusa o descentrada. Puede experimentar repentinos cambios de estados de ánimo. Si es mujer, puede experimentar interrupciones o alteraciones en su flujo menstrual. Una experiencia común, en particular para un sistema nervioso debilitado, es tener estremecimientos o temblores, que pueden manifestarse interna o físicamente mientras trabaja. Puede experimentar tensión o dolor corporal. Puede llegar a tener tensa o trabada la mandíbula. Puede llegar a sentir dolor o tensión en el plexo solar. Puede llegar a tener el cuello y los hombros dolorosamente tensos. Podría empezar a tener dolores de cabeza. Puede llegar a tener dificultades para respirar.

Tal vez llegue a tener cambios en las pautas de sueño. Puede llegar a sentirse sumamente somnoliento y cansado. Por más que duerma, nunca le parecerá suficiente. O puede suceder lo contrario. De repente, no puede dormir en absoluto. Observe si comienza a depender de estimulantes como el café, el té negro o las drogas para mantenerse activo, o para que la capacidad de entendimiento siga fluyendo a través de usted. Al principio esto parece ayudar, pero finalmente destruye el cuerpo. La cafeína y los estimulantes debilitan el sistema nervioso y todo el «sistema muscular» psíquico. Puede comenzar a anhelar más colores que conecten con la tierra a su alrededor y encima de usted, o puede comenzar a querer llevar sólo colores más relajantes, como el verde o el rosa suaves. Incluso el blanco, el azul o el púrpura pueden resultarle demasiado intensos. ¿En sus sueños recibe mensajes que le dicen que está agotándose o «consumiéndose»? ¿Tropieza con las cosas, forzando los músculos o haciéndose daño? Si se ve implicado en accidentes, observe qué parte de su cuerpo resulta lesionada. ¿Qué parece decirle ello?

Por ejemplo, ¿un tobillo torcido es un mensaje que le dice que afloje el ritmo y descanse?

¿Qué sucede cuando comienza a venirse abajo y no logra fortalecerse o revitalizarse? En primer lugar, empieza a perder la claridad que se requiere para hacer su trabajo. Comete errores o pierde eficacia y equilibrio. Mientras su cuerpo se debilita, la energía no puede llegar hasta sus chakras superiores o centros de energía. Comienza a llegar predominantemente desde los centros inferiores. Si sucede esto, usted puede empezar a ansiar poder o experiencia sexual y a utilizar, de manera sutil o abierta, su trabajo para conseguirlo. A medida que disminuye su energía, se produce la correspondiente disminución de conciencia y el yo inferior adquiere más control, inventando excusas, justificando su comportamiento inapropiado. «Soy una persona realizada. Puedo hacer esas cosas. Siempre tengo razón, porque soy más consciente que los demás.» Hay muchas variaciones de esto, todas creíbles para su conciencia disminuida. O puede perder su claridad. Llega a estar dominado por las imágenes del ego que se ha inventado. Por ejemplo, su ego puede decir algo como: «Soy una persona estupenda en el trabajo con cristales. ¿Cómo puedo dejar de hacerlo? Debo continuar.» O su ego puede decir algo como: «¿Quién soy si no trabajo con cristales?» Puede olvidar quién es realmente y pensar que es lo que hace. Puede haber creado un orden determinado a su alrededor y haber quedado atrapado en él. Ese orden le gobierna, en lugar de ser usted quien lo gobierne a él. En primer término, se olvida del modo en que llegó a crearse ese orden. Olvida que puede detenerse, que puede desacelerarse. No logra advertir que no absorbe la fuerza nutritiva que precisa para irradiar la energía necesaria para realizar con los cristales su trabajo curativo o de otra índole. El movimiento circular de absorber y proporcionar llega a limitarse a proporcionar incesantemente hasta quedar agotado.

¿Qué puede hacer si advierte que su cuerpo, su mente o su espíritu están cansados? Lo primero que debe hacer es *detenerse*. Se requiere cierta fortaleza y humildad para que se dé cuenta de que está «descarriado», atascado o agotado, y luego lo admita ante usted y los demás. Hablando en términos generales, a su yo o ego inferior le gusta sentirse especial, pensar que de algún modo está por encima o más allá de todo eso. («¿Qué pensarán mis alumnos, mis amigos o mis clientes?» dice el ego.)

Comprenda que nada de lo que ha logrado queda invalidado, que usted es mortal, y entonces deje de trabajar. Lo que debe hacer a continuación es fortalecer su sistema nervioso. Existen varios métodos para hacerlo y debería probar uno de ellos.

Ante todo, beba mucha agua. Beba té de jengibre. Tome vitaminas B y C. Podría someterse a una revisión médica para detectar si padece otras carencias vitamínicas. Los plátanos también son un buen alimento para el sistema nervioso, en particular para las mujeres. El jengibre, el clavo de olor y el ajo aportarán energía al cuerpo, entre otros beneficios. La lecitina tiende a aumentar la conductividad de los nervios. Para mejorar el sistema glandular, puede beber jugo de uva. Una dieta ligera de hojas de remolacha durante cinco a diez días es buena para el sistema glandular, en particular para las mujeres. Al undécimo día de la luna su sistema glandular secretará al máximo de manera automática. Por consiguiente, si al llegar al undécimo día de la luna hace ayuno, puede fortalecer su sistema glandular. Es probable que necesite purificar la sangre. Algunas cosas que tienden a purificar la sangre son las manzanas, la pimienta negra, el ajo, las uvas, las naranjas, el arroz y la cúrcuma. (Quizá desee mantenerse en contacto con su médico mientras sigue alguna dieta especial o hace ayuno.)

También debería meditar. Haga respiraciones profundas y prolongadas. Resulta excelente dedicar once minutos al día a hacer respiraciones profundas y prolongadas por la nariz. Serena y esclarece la mente, y carga al cuerpo con prana o fuerza vital. Además, relaja a un nivel muy profundo. Aspirar y espirar por la fosa nasal izquierda resulta muy tranquilizador. (Del mismo modo, aspirar y espirar por la fosa nasal derecha es energizante.)

Podría considerar un cambio en su entorno. Si vive en una ciudad, vaya al campo. Sumérjase en la naturaleza y disfrute del verdor de los árboles y de la hierba. ¡Respire! Siéntese sobre la tierra. Déjela nutrirle y curarle.

Preste atención a los colores que suele usar. Pruebe a usar un verde pálido, fresco. Podría considerar la posibilidad de usar tonos terrosos, para conectar con la tierra y serenarse. Use colores que sean muy relajantes y tranquilizadores. Durante un tiempo, pruebe a no usar ni telas estampadas ni a cuadros, sino de un solo color.

Pruebe a hacer los diversos ejercicios que son buenos para su mente, sus emociones y su cuerpo, que se han incluido en este libro. Cualquier ejercicio le ayudará.

También, deje descansar sus objetos de poder y guarde por un tiempo sus cristales y piedras. Proceda a sacarlos cuando vuelva a estar preparado para utilizar la energía que generan.

Lo más importante es advertir cuándo está desequilibrado, cuándo tiene energía reprimida dentro de usted e *ir hacia esas fuentes* que sabe que pueden ayudar y *hacer esas cosas* que sabe que pueden ayudar, y hacerlas de inmediato. Tómese esto en serio. Es importante, no sólo para usted, sino para las personas a las que imparte sus enseñanzas, a las que cura y a las que aprenden de usted. Tiene el deber de ser lo más claro posible en relación con las personas con quienes trabaja.

Ahora bien, ¿qué medidas preventivas puede utilizar para no quedar agotado y permitirse mantener el flujo de energía adecuado? Lo primero que debe hacer es conectarse con la tierra. Es fácil olvidarlo mientras activa continuamente sus centros superiores. Necesita ser un puente entre los planos, llevar esa información y conciencia superior hacia el plano terrenal para aquellos a quienes enseña o con quienes trabaja. Para hacerlo debe estar en contacto con la tierra, debe estar ligado a la tierra, por decirlo así. Asimismo, la tierra puede transformar la energía negativa en positiva y eliminar de usted toda energía negativa.

A continuación, desarrolle un sistema de apoyo a su alrededor, para que le ayude a hacer por usted lo que sabe que debería hacer. Otra cosa a tener en cuenta es no trabajar nunca contrariando su propio ritmo. Trabaje sólo en sintonía con su propio flujo, con su propio ritmo. No deje que el orden que ha creado a su alrededor, o que las personas con quienes puede estar trabajando le impongan su método de trabajo o decidan por usted cuándo debería trabajar. Trabaje sólo cuando *usted* sepa que debería trabajar. Esté en sintonía con usted mismo.

Su trabajo requiere valor. Debe tener el valor de ser capaz de detenerse cuando sea necesario, de ser capaz de desacelerarse, de ser capaz de admitir que tal vez no sabe todo, de ser capaz de escuchar a los demás. Necesita ser capaz de ver con claridad y no estar ligado a la proyección de su ego que le define en términos de lo que hace. Libérese de todo eso. Viva en la libertad del momento. Tenga la dureza del acero, el valor de un guerrero y viva en la alegría de un corazón abierto.

Quizá haya conocido sanadores, maestros o personas que trabajan con cristales que parecían haber cambiado o perdido facultades después de años de labor efectiva. Aunque pueda haberse sentido decepcionado o airado por ello, trate de entender lo que sucedió. Hónrelos y aprenda de su experiencia en lugar de juzgarlos.

Por encima de todo, ayuda recordar la intervención divina en todo esto. En un nivel determinado, todo es ilusión. Hasta la idea de «usted» es ilusión, y «usted actuando» es ilusión en ese mismo nivel. En la medida en que pueda recordar esto, será capaz de considerar todo con un cierto humor y afecto. Después de todo, el yo está mucho más allá de su cuerpo y de su trabajo. Mientras hace lo que hace, honra y expresa a ese yo de un modo que es único y maravilloso.

La alimentación

Así como hay muchos métodos y técnicas mediante las cuales llevar a cabo el trabajo con cristales y otras actividades de carácter metafísico, existen muchos tipos de dietas recomendadas. A menudo, ciertas técnicas requieren ciertas dietas. Si está haciendo una práctica o técnica particular, es mejor seguir la dieta particular que la acompaña, si el régimen alimenticio es una parte integral de ella.

Sin embargo, puede desarrollar sensibilidad a la comida mientras desarrolla sensibilidad hacia la energía sutil. Observe cómo siente una comida particular. Puede utilizar los mismos métodos que emplea para observar cómo «siente» un cristal hasta que esta conciencia llegue a resultarle automática. Luego, observe cómo siente su cuerpo. ¿Qué clase de comida parece querer su cuerpo?

La comida tiende a resultar pesada o liviana. También tiene la cualidad de frescura o ardor. La comida propende a caer pesada, mientras que las frutas y las hortalizas y verduras tienden a resultar ligeras. Ciertos condimentos tienden a conferir una cualidad de picante.

Cuando se trabaja para desarrollar sensibilidad ante los cristales y la energía sutil, es bueno ingerir alimentos livianos. Se recomienda un vegetarianismo equilibrado. Más adelante, cuando la vibración de su cuerpo sea más sutil, quizá sienta la necesidad de una mayor conexión con la tierra y la carne resultará más adecuada.

Usted no es una persona mejor o peor por comer un tipo de comida u otro. Hay que reconocer que cuando se come se está matando alguna forma de vida. Las plantas, así como los animales, tienen conciencia. Usted es parte de la cadena alimenticia. Sin embargo, es bueno dar las gracias y rendir honor a lo que se come. En cierto sentido, uno absorbe las cualidades y la conciencia de lo que consume. El cuerpo de lo que comemos llega a ser nuestro cuerpo. Quizá quiera ofrecer una plegaria en el sentido de que cuando incorpora ese animal o planta a su conciencia transformada, ellos de algún modo también serán positivamente transformados. Haga lo que considere mejor para usted.

En síntesis, sea sensible a los alimentos que ingiere. No deje que el simple deseo, apetito y gusto sean su único guía al elegir lo que come. En primer lugar, deje que su percepción intuitiva de lo que es provechoso para usted sea su guía. ¡Luego, haga que su comida sea sabrosa!

Haga lo que funcione en su caso...

4. La curación con cristales

¿Qué quiere decir el término «curación»? En general, la enfermedad física y mental, el estrés y el dolor emocional, y otras formas de sufrimiento resultan de un estado de desequilibrio o falta de armonía. Así, la verdadera curación se centra fundamentalmente en la recreación de la armonía natural en y entre los cuerpos físico, mental y emocional. En el proceso de creación de equilibrio, desaparecen los síntomas de la enfermedad. Todos los procesos curativos que se centran en la eliminación de síntomas también deberían concentrarse en la creación de equilibrio.

Existen muchos métodos para realizar trabajo de curación con cristal de cuarzo, probablemente tantos como personas que los utilizan. Como en los demás trabajos con cristales, escuche y asimile todo. Luego haga lo que funcione en su caso. Tenga valor y confíe en que está oyendo correctamente a su guía interior. A veces es fácil confundir imaginación o intelectualidad con intuición. Aprenda a distinguir la diferencia entre ambas y tenga la honestidad de admitir cuándo está «descarrilado». Sólo entonces puede volver sobre sus pasos y mejorar sus aptitudes. A veces, la línea de división es un hilo muy delgado. Por lo tanto, compruebe constantemente sus resultados. No tema admitir que está equivocado, o que cometió un error, o que pudo haber hecho las cosas de otra manera. Así, puede seguir aprendiendo. De todos modos, no es usted quien realiza la curación, sino el espíritu que trabaja a través de usted.

Cada vez que trabaja con una persona, usted realmente se juega algo. Se hace vulnerable. Podrían comenzar a aparecer en su mente esta clase de pensamientos: «¿Qué pasa si esto no funciona; qué pasa si la persona enloquece; qué pasa si se ríen de mí; qué pasa si no sucede nada después de dedicar dos días a esta curación?». Ayuda recordar que usted se ofrece a realizar la curación. Se ofrece a ser ese canal. Si puede permanecer fuera del camino de la energía o del espíritu que llega a través de usted, se producirá más curación.

Método de curación activa

En toda situación de curación lo primero que debe hacerse es limpiar la habitación, limpiarse usted y limpiar sus herramientas. (Remítase al capítulo sobre limpieza del cristal.) A continuación, conéctese con la tierra y equilibre su energía. Desde ese estado de conexión con la tierra, centrado y equilibrado, será capaz de desarrollar una percepción intuitiva de las vibraciones con las que trabaja. Luego, sensibilice sus manos para sentir físicamente las vibraciones del cristal y el aura o campo electromagnético alrededor del cuerpo que está curando. Para hacer esto utilice el método descrito en la página 28. Ahora está preparado para efectuar el trabajo de curación con la otra persona.

Cuando trabaje con otra persona, asegúrese primero de que esté centrada. Después de verificar esto intuitivamente, si comprueba que la persona no está centrada, céntrela empleando las mismas técnicas de centrado. De igual modo, haga verificaciones para comprobar si la energía de la persona parece conectada con la tierra y equilibrada, y guíela a través de los ajustes que sean necesarios.

Cuando comience la curación, haga que la persona se tienda. Podría rodear su cuerpo con piedras de amatista y colocar un cuarzo rosa sobre su centro del corazón. Un cristal uniterminado colocado en sus pies, apuntando hacia afuera, permitirá que la energía no deseada abandone su cuerpo. Otra piedra apuntando hacia afuera desde la coronilla impedirá que por la cabeza entren vibraciones no deseadas. Haga lo que se sienta guiado a hacer.

El paso siguiente es abrir los puntos de los chakras de la persona y los meridianos de energía en cada mano y en cada pie. Utilice los métodos explicados anteriormente para hacer esto. (Este proceso en sí suele bastar para equilibrar y curar a otra persona.)

Ahora, considere a la persona con quien está trabajando. ¿Qué puede sentir? ¿Está abierta, serena y centrada? ¿Parece relajada? Haga que se relaje: haga que se acuerde de respirar profunda y lentamente.

Si está satisfecho, comience el paso siguiente: coja el cristal con la mano izquierda para energizarse. Luego coja otro cristal, de una o dos puntas, con la mano derecha. Empiece a pasar su mano derecha y el cristal sobre el campo de energía sutil de la persona, a unos quince centímetros de su cuerpo. El cristal de la mano izquierda le energiza y desde ese lugar de serenidad centrada en que trabaja, páselo por el campo o aura sutil de la persona, desde la cabeza hasta los pies. Hágalo a una velocidad que le permita sentir o percibir mejor la energía sutil. Debería tomar nota de cualquier discrepancia en su campo.

Si la persona sufre una enfermedad específica, no suponga automáticamente que ése es el único lugar de su campo de energía en que encontrará discrepancias. Puede ser sólo una manifestación secundaria de otra causa más seria. Tome nota de cualquier dolencia o enfermedad, pero cubra todo el cuerpo para advertir cualquier manifestación relacionada con ella.

El tipo de discrepancia que pueda advertir incluye todo lo que sea «diferente»: un punto repentinamente caliente o frío. Puede sentir una interrupción o un descenso en su campo o zonas de energía que parecen densas o espesas. Tome nota de esto. Cubra todo el campo, de izquierda a derecha, de arriba abajo. Quizá desee acercarse o alejarse más de la superficie del cuerpo. Después de haber hecho el trabajo en la parte frontal, pase a ocuparse de los lados y de la parte trasera de una manera similar.

Si hay algo particular que moleste a la persona, téngalo presente. Puede terminar trabajando directamente sobre esa zona. Sin embargo, quizá descubra que sucede algo totalmente diferente. Si no siente nada, podría probar a barrer el cuerpo acercándose más o tomarse un par de minutos para volver a centrarse. Recuerde que sólo está notando discrepancias en el campo áurico o de energía sutil en torno al cuerpo. Todo lo que suceda físicamente a la persona va a manifestarse en el cuerpo sutil o en su aura. Mientras trabaja, continúe manteniendo su estado relajado de concentración. A veces uno se desconcentra fácilmente y comienza a ponerse tenso. Si advierte que le sucede esto, haga algunas respiraciones profundas y vuelva a centrarse. Su mente podría comenzar a desviarse hacia otros pensamientos; los más comunes son los de duda y cuestionamiento: «Me pregunto si esto funcionará», «No pasa nada,» «Me pregunto si estoy haciéndolo bien,»... y así una y otra vez, en una cháchara incesante. Es mejor limitarse a reparar en los pensamientos y dejarlos ir. Vuelva a centrarse. A su mente le resulta natural hacer esto. Esta clase de curación no siempre tiene mucho sentido racional y la mente se enriquece con el sentido racional. El estado en que se encontrará trabajando con más éxito es muy similar al estado zen de «irracionalidad».

Una vez que ha observado y captado todas las discrepancias en el cuerpo sutil, es hora de seguir con el paso siguiente. Utilice un cristal uniterminado (normalmente, transparente o, a veces, una amatista). En su lugar, puede emplear una varita de cristal, porque en esta técnica el cristal se usa de la misma manera.

Sostenga el cristal o varita en su mano derecha, vuelva hacia una zona de discrepancia, trabajando en forma sistemática desde la parte superior hasta la parte inferior del cuerpo, o desde la discrepancia más fuerte hasta las más débiles, las más sutiles. Haga que el cristal o la varita apunte hacia el primer lugar con el que quiera trabajar y comience a hacerlo girar a su alrededor en el sentido de las agujas del reloj. Luego sienta al cristal haciendo girar su mano en espiral hasta un lugar justo en el centro, que parece tirar de ella. Despréndase de ese tirón sutil como si estuviese arrancando algo del cuerpo con su cristal. Luego suelte lo que sacó con el cristal dejándolo caer en la tierra, donde la negatividad asociada con la enfermedad puede transmutarse. Sea consciente del lugar en que lo deja caer; no lo suelte involuntariamente encima de su planta favorita o de su animal de compañía, ni transfiera la negatividad hacia otra persona. Puede soltarlo en el aire que le rodea, pero cuando lo haga debe tener cuidado de limpiar la habitación, con el objeto de transmutar toda energía negativa que quede en el espacio. En general, es más seguro dirigir la energía negativa hacia la tierra.

Trabaje sobre cada zona de discrepancia hasta que sienta que ha hecho lo suficiente. Descubrirá que establece un ritmo mientras efectúa la curación. A veces puede permanecer con los ojos cerrados. Recuerde mantenerse centrado, pasando de una zona a otra hasta haber cubierto todo el cuerpo. Esto puede requerir una hora, dos horas o 15 minutos. Trabaje hasta que su guía interior le diga que es suficiente, de momento.

Si mientras hace esto sus cristales comienzan a calentarse, parecen demasiado opacos o dan la impresión de necesitar una limpieza, sumérjalos en agua salada hasta enfriarlos o limpiarlos.

O bien, mientras utiliza esta técnica, queme incienso u otra sustancia en un brasero o emplee el humo de una vela. Luego proceda a limpiar periódicamente el cristal mientras trabaja.

Recuerde, el grado de concentración que pueda mantener es la clave. Cuanto mejor sea su concentración, mejores serán sus resultados.

Si momentáneamente pierde la pista de lo que sucede con el cuerpo sobre el que trabaja, sensibilice sus manos y vuelva a comenzar. Al utilizar el cristal, también energiza al cuerpo sobre el que trabaja. A veces el campo áurico puede tener zonas donde todo parece desacelerarse. A veces, siente una vibración muy acelerada. Utilice su cristal y su mente para nivelar las frecuencias vibracionales de esas partes del cuerpo. Habrá una interacción intuitiva entre usted, el cristal y el cuerpo sobre el que trabaja. Mientras trabaja con el cuerpo, comenzará a sentirse guiado. Será atraído para trabajar sobre una zona particular, ir hacia aquí, ir hacia allí, hacer esto, hacer lo otro. Mientras «oye» o percibe esas cosas, escúchelas: escuche a la voz intuitiva interior. Cuanto más trabaje con esta voz, más fuerte llegará a ser.

Mientras trabaja, no deje de prestar atención a lo que siente su propio cuerpo. Esto también le guiará para saber lo que siente la otra persona. Mientras procede a la curación, entre usted y la otra persona se desarrolla una conexión empática. Mientras siente cosas en su cuerpo, tendrá aún más información acerca de cómo actuar.

Por ejemplo, puede sentir tensión en los hombros y darse cuenta de que la otra persona también experimenta esa tensión, por lo que debería trabajar en esa zona de su cuerpo. Mientras lo hace, puede sentir que su cuerpo cambia de muchas maneras. Éste es otro modo de canalizar la energía. Podría experimentar un hormigueo en su cuerpo o tener la sensación de que está flotando. Si comienza a sentirse mareado o excesivamente tenso mientras trabaja, haga algunas respiraciones profundas y prolongadas, realice una llave de cuello ligera o completa para abrir los canales superiores, restablezca la conexión con la tierra o beba un poco de agua. (No beba el agua en el que ha limpiado el cristal.)

En general, cuando trabaje con una persona, es mejor que no haya nada ni nadie en la habitación que pueda distraerle: niños, animales domésticos, teléfonos, etc. Tales interferencias pueden destruir la serenidad y concentración que se requieren para trabajar con eficacia.

Una vez que haya terminado, la persona con la que ha trabajado estará muy abierta. Sus mecanismos de filtración naturales deberían estar activados, a fin de no absorber en forma indiscriminada todas las vibraciones con las que entre en contacto. Esto recibe el nombre de «sellar a la persona» y puede hacerse del modo siguiente.

Utilice la respiración y sople, o emplee la mano y pásela horizontalmente encima del cuerpo, en la zona del centro del corazón. También puede usarse una pluma para efectuar esto. Luego sienta, cree e imagine un poco de viento. Puede soplar de derecha a izquierda, de izquierda a derecha, o en ambas direcciones. Entonces, la persona estará debidamente preparada para la actividad cotidiana fuera del espacio curativo.

Una vez que haya hecho eso, pase rápidamente la mano por encima del cuerpo a unos 15 centímetros de la piel, desde la cabeza a los pies, terminando en el suelo. De este modo elimina del cuerpo toda energía negativa que pueda persistir en o sobre el cuerpo llevándola hacia el suelo, donde puede ser transmutada. La persona sobre la que trabaja se sentirá muy relajada. Para esta técnica, también puede utilizar las manos, la respiración, cristales, herramientas de cristal o plumas. Recuerde que la dirección del trabajo es desde la cabeza hacia los pies. Pase la mano encima del cuerpo con vigor.

Después de haber completado el trabajo curativo con la otra persona, hay algunos pasos importantes que debería dar. Cuando usted trabaja, tiene tendencia a atraer hacia su cuerpo la negatividad que ha eliminado del cuerpo con el que está trabajando. Pero no desea hacerlo, porque si lleva hacia usted esa energía, resultará afectado. Éste es uno de los principales problemas que se plantean a los sanadores y hace que sea muy importante aprender a eliminar toda la energía de su cuerpo después de realizar una curación. Si no se libera de la energía negativa que ha atraído hacia usted, puede comenzar a vomitar, a experimentar intensos cambios de estados de ánimo, a ponerse nervioso, o a ganar o perder peso. Podría empezar a sentirse «consumido». Podría comenzar a sentirse continuamente cansado. La mayoría de las veces, se pondrá a vomitar.

Con el objeto de limpiarse después de una curación, comience por lavarse las manos con agua fría. Esto ayuda a impedir que la energía negativa pase de las manos a las muñecas y, desde allí, hacia el resto del cuerpo. Si lo desea, vuelva a tocar el suelo. Luego, cepíllese vigorosamente todo el cuerpo mientras permanece de pie. Cepíllese desde la cabeza, descendiendo por la espalda y el estómago hasta los pies, y termine en el suelo. Toque el suelo con las manos. A veces, todo lo que se requiere es un momento de conexión con la tierra. Cepíllese y toque la tierra hasta que, intuitivamente, le parezca suficiente.

A continuación, limpie la habitación, límpiese usted y haga lo mismo con la otra persona empleando el sahumerio o el método que haya utilizado al inicio de la curación. Limpie el cristal y las herramientas que haya usado.

No es raro que la persona sobre la que ha estado trabajando se quede dormida. Puede seguir trabajando con ella. En realidad, ni siquiera es necesario que la persona con quien trabaja crea que lo que usted hace va a ayudarla. Todo lo que tiene que hacer es estar dispuesta a ser receptiva.

Hay algunas otras cosas a tener en cuenta cuando efectúa su trabajo curativo empleando este método. En el punto del ombligo hay 72.000 nervios sutiles que agrupan, mezclan y redistribuyen la energía por todo el cuerpo. Asegúrese de «sintonizar» con esa zona y de trabajar con ella. Eso ayudará a que la energía sutil se distribuya adecuadamente por todo el cuerpo. Las emociones y las comunicaciones no expresadas se acumulan en el cuerpo. La ira contenida se acumula en la zona del ombligo. La tristeza y las comunicaciones reprimidas se acumulan en la zona de la garganta.

Si mientras está trabajando siente esas emociones o comunicaciones, entonces trabaje sobre la zona correspondiente del cuerpo. Por ejemplo, mientras trabaja en una zona, de repente puede sentirse triste. Recuerde todos los sentimientos que experimente, porque más tarde puede comunicarlos a la persona para contribuir a su curación. Estos sentimientos y comunicaciones no expresados suelen estar estrechamente relacionados con lo que le sucede. Asimismo, debería ser capaz de sentir la energía fluyendo desde la punta de los dedos de la otra persona. Si esa energía está bloqueada, puede sentir en su mano una pequeña bola de energía y ninguna energía fluyendo hacia la punta de los dedos. Lo mismo se aplica a la planta de los pies y a la parte superior de la cabeza. Deberían estar abiertas para que la energía salga por ellas. Sólo estamos equilibrados cuando todos estos centros se hallan abiertos y en armonía entre sí. Utilice sus cristales para abrir estas zonas y «extraer» las energías sutiles que deberían fluir.

Recuerde: si su mente se pone a parlotear, no la escuche y continúe permaneciendo centrado y efectuando su trabajo.

Puede trabajar de modos diferentes en relación con la retroalimentación verbal. A algunos sanadores les gusta tener retroalimentación por parte de la persona con quien trabajan. Les gusta que la persona diga cosas como: «Realmente siento eso» o «No pasa gran cosa allí». A menudo, la retroalimentación interfiere con el trabajo, pues interrumpe su concentración y la de la otra persona. Por consiguiente, puede preferir trabajar en silencio y posponer la retroalimentación verbal hasta el final de la curación o hasta que se produzca una pausa natural. Recuerde que cuanto más centrado pueda estar, más fuerte será la curación.

Al final de la curación, no debería beber ni utilizar para ninguna otra cosa el agua que ha usado para enfriar o limpiar los cristales. Viértala en la tierra. Eso transmutará la negatividad que haya quedado en ella.

Cuando realice una curación, debe ser lo más consciente posible de todo lo que ésta implica: el trabajo que está haciendo, el entorno a su alrededor, sus herramientas, todo.

Si siente que su atención se desvía mientras trabaja, o si el cansancio se apodera de usted, coja su cristal energizante en la mano izquierda y sosténgalo sobre su tercer ojo durante un rato. Eso le ayudará a centrarse. También, mientras aprieta su cristal energizante en su mano izquierda, convoca a las fuerzas para que le ayuden.

Mientras realiza su trabajo, observe los puntos de tensión en el cuerpo de la persona. ¿Tiene las manos relajadas y abiertas? ¿Tiene la mandíbula apretada, la frente contraída, los hombros tensos? Sea consciente de estas cosas. Puede eliminar esa energía negativa con su cristal en la mano derecha. Y se encontrará trabajando de manera diferente en cada zona. Mientras trabaja en algunas partes del cuerpo, se sentirá muy sereno y su actividad se desarrollará con cuidado. En otras zonas, puede encontrarse derramando un montón de energía. Siéntase dueño de liberarse, aun cuando se encuentre bailando alrededor de la persona.

A veces la gente se cura mientras se trabaja con ella: a veces se requieren varias sesiones. Cuando realice un trabajo de curación debería estar abierto a todo. Es posible que la curación no resulte como usted esperaba. Lo que realmente puede resultar curativo para la persona, quizá a usted le parezca terrible. Por ejemplo, alguien podría acudir a usted con un tobillo dislocado. Al trabajar en ello, usted descubre que el tobillo sigue en un estado terrible, pero de repente la garganta parece muy abierta. Puede ser que la verdadera necesidad en términos de curación era que la garganta se abriese, más que el tobillo, para liberarse del dolor de repente.

Recuerde que quien hace la curación es el espíritu que pasa por usted. Usted está abriéndose a eso. No se invalide si la curación no se presenta como la imaginó, o si los resultados no son inmediatos. Comprenda que con práctica las cosas serán más fáciles y se obtendrán resultados. Asimismo, la gente suele pasar por enfermedades o problemas físicos por razones kármicas, razones que obedecen a un destino o propósito superior al que se manifiesta en esta tierra. Si ése es el caso, tendrán que pasar por lo que están experimentando hasta que haya terminado. Lo mejor que puede hacer es rezar en busca de guía. Un pensamiento útil para concentrarse en él es: «No mi voluntad, sino la tuya» y «Puedo hacer tu voluntad».

Método de visualización con color y sonido

El siguiente método de curación con cristales utiliza la visualización, la luz y el sonido. Usted rodeará a la persona a ser curada con grandes cristales etéreos, que formarán en torno a ella un campo protector y energizante. Si la efectúa con concentración, ésta es una técnica muy poderosa. Requiere la participación activa de la persona en el proceso curativo. Con el método de espiral descrito previamente, la persona que está siendo curada simplemente debía ser receptiva. Con el método de la visualización, la persona está implicada en un proceso a través del cual usted la guía verbalmente.

Este método de curación se explicará con más detalles. Ante todo, las primeras veces se recomienda utilizar este método ateniéndose estrictamente a las instrucciones. Luego, si se siente guiado para hacerlo, puede modificarlo ligeramente.

Sostenga en su mano derecha un cristal transparente uniterminado. En su mano izquierda sostenga otro cristal transparente, ahumado o de amatista apuntando hacia arriba en dirección a su brazo. Esto le suministrará energía. El cuarzo ahumado ayudará a mantenerle energizado y conectado con la tierra. La amatista le proporcionará energía curativa. Para comenzar, usted y la persona a ser curada deberían sentarse frente a frente. Ambos deberían cerrar los ojos, concentrándose en el tercer ojo, y haciendo respiraciones profundas y prolongadas durante aproximadamente tres minutos. Liberen toda tensión de sus cuerpos. Luego, usted y la persona a ser curada céntrense en alguno de los métodos descritos anteriormente.

Ahora, con el cristal en la mano derecha, comience a abrir los centros de energía de la otra persona. Utilice los métodos descritos con anterioridad. Rodéense usted y la otra persona con un campo de cristales. Esto servirá para energizar, orientar y proteger a usted y a la otra persona. En un espacio semejante no puede alcanzarles ningún daño.

Ahora coja el cristal en su mano derecha y apúntelo hacia el centro de la coronilla de la otra persona. Visualice una luz clara que viene desde arriba y penetra a través de ese cristal, sale por la punta y entra por el chakra de la coronilla de la persona. Imagine con nitidez la luz dorada. Esta luz va a despejar cualquier bloqueo, de modo que use su sensibilidad. Imagínela entrando por la parte superior de la cabeza y compruebe si hay algún bloqueo allí. Durante todo este proceso puede orientar a la persona con quien trabaja mientras la luz desciende, diciéndole dónde está. Si la persona siente algún bloqueo, tensión o dolor, pídale que haga una respiración y espire. Al espirar, eliminará el bloqueo. Deje que la luz rompa la densidad del bloqueo, disolviéndolo. Ahora haga que la luz descienda por el resto de la cabeza hasta el cuello. Haga que usted y la otra persona experimenten la sensación de la cabeza serenándose, gracias a la luz dorada, sin ningún bloqueo.

Haga que la luz descienda hacia la garganta. Si siente alguna tensión mientras está trabajando, haga una respiración, aspire y espire, liberándola. Haga que la luz descienda hacia los hombros y el pecho. Limpie los pulmones y todos los órganos superiores internos. Sienta la luz. Siéntala en la parte inferior de la espalda, en la parte superior de la espalda, en toda la zona. No olvide los hombros. Ahora todo es de oro. Libere los bloqueos. Desintegre cualquier densidad con luz. Podría imaginar una luz gris saliendo del cuerpo, mientras el oro sustituye al gris. Continúe orientando a la otra persona para que haga el mismo proceso de visualización que está haciendo usted. Y ahora, si considera que de momento todo está limpio, comience a bajar más. Con su cristal, guíe a la luz dorada hacia el estómago y el abdomen. Deje que entre la luz dorada para ablandar y disolver todo bloqueo. Ahora pase a la espalda. Asegúrese de que toda la parte superior, media e inferior de la espalda está colmada de luz dorada. Aférrese con fuerza a aquello en lo que está concentrado. Cuanto más poderosa sea su visualización, mejor será la curación. Preste atención a los brazos. Deje que la luz dorada suba primero al brazo izquierdo. Luego, déjela descender por el codo y el antebrazo, para salir por los dedos. Imagine que todo lo gris sale por sus dedos. Diríjalo con su cristal si lo desea. No vea nada más que los haces de luz dorada saliendo por la punta de los dedos. Cuando haya hecho esto, pase al otro brazo y haga lo mismo.

Ahora, si ya ha trabajado con ambos brazos, vuelva al torso y entre en la parte inferior del estómago, los intestinos y el ombligo. Siga hasta la parte superior de las nalgas. Pase a las caderas. Donde encuentre tensión, acuérdese de usar su respiración. Aspire y espire, enviando la luz dorada del cristal a través de los bloqueos. Mientras trabaja con la persona, sugiérele continuamente que haga esto también. Siga descendiendo hacia los órganos sexuales y llegue hasta la parte superior de los muslos. Ahora todo el torso está colmado de luz dorada. No hay ninguna resistencia. La luz transmuta al pasar por el cuerpo. Entra en una pierna y luego pasa a la otra. Entra en la pierna izquierda y llena toda la parte superior, el muslo y el dorso del muslo con luz dorada. Y ahora baja a la rodilla. Recuerde ver la luz en cada articulación, en la piel, en los músculos internos, en los órganos, en la sangre, en todo. Lleve la luz hacia la parte inferior de la pierna, hacia el pie, el talón, el empeine y el centro del pie.

Ahora imagine que lo gris sale por los dedos de los pies, perseguido por la luz dorada hasta que ve salir por los dedos de los pies haces de luz dorada. Cuando haya hecho esto, vaya a la parte superior de la otra pierna y comience el mismo proceso. Dirija la luz dorada hacia la rodilla, hágala descender por la parte inferior de la pierna hasta que salga por el pie. Trabaje a su propio ritmo. Mientras la luz trabaja directamente con su cristal, puede sentir deseos de apretarlo. Su cristal puede estar dirigiéndole. Quizá quiera apretarlo con fuerza. Quizá quiera aferrarlo con suavidad. El modo en que sujete su cristal puede cambiar continuamente.

Y cuando haya llenado por completo el cuerpo con luz dorada, entonces siéntese tranquilamente con la persona con quien está trabajando en este espacio armonioso.

Ahora va a vitalizar y equilibrar directamente cada punto de los chakras con color y sonido. Mientras se energiza cada uno de los chakras, tiende a producirse la curación en las zonas física, mental y emocional asociada con él.

Apunte el cristal en su mano derecha hacia el centro del corazón. Puede encontrarse colocando realmente la punta sobre el centro del corazón, o a unos centímetros de distancia. Haga lo que le parezca mejor. Ahora visualice al color verde entrando por la parte trasera de su cristal, saliendo por la punta e ingresando en el corazón. Ahora cante en el cristal el sonido «AAA», hágalo salir por la punta y entrar en el corazón de la persona, a fin de que el tono haga vibrar el color verde y llene el chakra del corazón. Siga haciendo esto hasta sentir que, de momento, el corazón ha recibido la cantidad suficiente de verde. Quizá tenga la sensación de que quiere hacerlo muy intensamente con haces de energía, sonido y color semejantes a rayos láser. O puede hacerlo gradualmente, masajeando con suavidad el corazón con el tono, y subir con el cristal verde hacia la zona de la garganta y visualizar un color azul turquesa entrando por la parte trasera del cristal, saliendo luego por la punta hacia la garganta. Apoye ligeramente la punta sobre el centro del chakra de la garganta. Visualice esos colores turquesa y utilice el tono «OOOO». Haga vibrar su garganta con el sonido, en el cristal, saliendo por la punta y entrando en el chakra de la garganta de la persona con quien está trabajando. Energice ese chakra, llénelo con la luz turquesa. Cuando sienta que es suficiente, desplace el cristal hacia el punto del tercer ojo. Imagine el color del lapislázuli, un azul regio oscuro, entrando en su cristal. Haga vibrar su tercer ojo con el sonido «EEEE», luego envíelo dentro del cristal y después hacia el punto del tercer ojo de la otra persona. Mientras realiza su trabajo, puede encontrar que quiere mantener los brazos estirados para canalizar energía hacia el cristal. Esto se parece en gran medida a tener una varita larga que va desde el hombro hasta el cristal. Compruebe cómo lo siente. Otras veces, quizá quiera sostener el cristal suavemente.

Ahora, desplace el cristal hacia arriba hasta el chakra de la coronilla. Dirija la punta del cristal hacia el interior de la coronilla, visualizando el color amatista o púrpura. Utilice el sonido germinal «MMMM» para hacer que el color violeta salga del cristal y entre en el chakra de la coronilla. Si tiene dificultad para cambiar los colores de centro a centro, quizá sienta deseos de sacudir al cristal con energía, como si así quisiese hacer salir los colores. Quizá quiera dedicar más tiempo a imaginar al color saliendo del cristal. Si en la habitación hay humo de salvia o de cedro, puede utilizarlo para limpiar el cristal entre uno y otro color.

Cuando considere que ha completado esto, verifique intuitivamente cada chakra. Compruebe si están en equilibrio entre sí. Si considera que alguno sigue desequilibrado, corríjalo.

A continuación, equilibre su estado emocional en general. Por ejemplo, si hay tristeza, quizá quiera añadir un poco de sol amarillo para infundir ánimo. Puede hacer esto visualmente o usando sonido. Imagine el color que envía a través del cristal. ¿Cómo suena? Si tiene sonido, ¿cómo imagina que sonaría? Sintonice con ese sonido mientras continúa imaginando al color. Quizá quiera canalizar hacia la persona un cristal de citrino dorado.

Seguidamente, intuya el cuerpo mental o el estado mental en general. ¿Cómo siente a la persona mentalmente? Por ejemplo, a veces puede sentir una vibración tensa alrededor de la cabeza, actividad mental y estrés. Una vez que lo sienta, perciba qué color tiene. ¿Y qué tono podría tener? Luego imagine el estado mental que estaría curando para esa persona y vea el color que tiene el estado. ¿Qué sonido tiene un estado mental curado? Sintonice ese sonido con su cristal a través de la cabeza o del punto del tercer ojo de la persona. Constantemente está cargando la vibración del cristal en su mano derecha con esos tonos y colores. Esas vibraciones cargadas interactúan con las vibraciones del cuerpo y las modifican. Esto produce cambios en el cuerpo. En el cristal tiene infinitas herramientas en una sola.

Cuando considere que ha hecho lo suficiente con los cuerpos emocional y mental, utilice el cristal para rodear completamente a esa persona con luz dorada. El aura dorada rodea a la persona, protegiéndola y energizándola. Si lo desea, perciba qué clase de tono tiene. Puede cantar ese tono mientras imagina la luz.

Después de haber hecho eso, visualice una cuerda dorada de energía que va desde la parte inferior de la columna vertebral hacia la tierra. Esta cuerda conecta a la persona con la capacidad nutritiva y transmutadora de la tierra. Compruebe que ahora hay un canal transparente entre los «cielos» y la tierra a través del centro de la corona y de la planta de los pies. Por último, como antes en el proceso de curación, usted quiere aislar a la persona y luego limpiarla desde la cabeza a los dedos de los pies vigorosamente. Elimine del cuerpo toda energía negativa, todo desequilibrio, enviándola hacia la tierra. Luego lávese las manos, y proceda a limpiarse usted y a hacer lo mismo con sus herramientas y con el espacio en que trabajó.

Método de carga de agua

Otro método que es bueno no sólo para la curación, sino también para el mantenimiento de la salud general, es cargar agua con cristales y otras piedras de colores. Esta técnica también es buena para energizar su cuerpo y darle una sensación de vitalidad y bienestar incrementados. Para cargar agua, emplee un recipiente de vidrio transparente y llénelo con agua destilada o mineral. Luego escoja un cristal de cuarzo transparente o cualquier piedra de color para utilizar con el agua. Esta piedra debería tener asociada a ella una cualidad o vibración particular que usted sienta que sería buena para su cuerpo. Por ejemplo, si en un día determinado se siente enfermo, podría elegir un cristal de amatista. Esta piedra es buena para cualquier tipo de curación que se requiera. Del mismo modo, podría escoger un cristal transparente si siente necesidad de más energía. Los cristales transparentes pueden utilizarse también como una medida preventiva contra la mala salud. Antes de usar la piedra, límpiela. Después de haberla limpiado, si lo desea puede programarla. A continuación, coja el cristal y sumérjalo en el agua contenida en el recipiente de vidrio. Sensibilice sus manos y concentre su atención en el recipiente.

Mantenga las manos, con las palmas hacia abajo, a unos siete a diez centímetros de distancia de la parte superior del recipiente. Si sus manos son sensibles y su concentración es fuerte, experimentará una sensación como de flotación entre las palmas y el agua. Ahora, haga girar sus manos, siempre con las palmas hacia abajo y en el sentido de las agujas del reloj, tres o cuatro veces sobre la parte superior del recipiente. Con sensibilidad, notará un cambio real en sensación entre sus palmas y el agua en que está sumergido el cristal. Ahora ha cambiado realmente las propiedades del agua para que estén en concordancia con las de la piedra sumergida en ella. Puede probar la diferencia. Esta incluye no sólo los atributos del color y del tipo de piedra, sino toda programación que ponga en ella. Cuando beba este agua, ello afectará igualmente a su cuerpo de modos inherentes a la piedra y podría haber incluido cualquier programación. Si tiene prisa, puede beber una taza de ese agua ahora. Sin embargo, los efectos serán mucho más fuertes si coloca el recipiente a la luz del sol durante una hora, un día o incluso tres días. Entonces puede beberla, o conservarla en la nevera para usarla más adelante. Podría querer preparar por adelantado varios recipientes de agua cargada, cada uno de ellos con un color diferente o con un tipo de piedra que podría necesitar para usar más adelante. (Si ha programado algunas piedras, ponga etiquetas a los diferentes recipientes, a fin de saber con exactitud qué contienen.)

Algunos recomiendan poner sólo un color de piedra en cada recipiente. Otros dicen que pueden mezclarse colores y tipos de piedras. Haga lo que funcione mejor en su caso. Cuando cure a otras personas, estará en condiciones de cargar agua para que puedan llevarla consigo y beberla en el curso de los días siguientes. A veces, no se requiere más que unos sorbos. En casos de enfermedad aguda, podría querer beber un vaso cada 15 minutos durante la primera hora y luego cantidades menores durante el resto del día. Experimente con usted mismo y compruebe los resultados.

Curación por medio del color

Comience por informarse bien acerca del color, y de cuándo y dónde se utiliza. Aprenda qué colores debe utilizar con una persona en determinadas circunstancias empleando su voz interior intuitiva, mientras tiene presente lo que ha aprendido en general sobre el color. Existen varios sistemas. Algunos serán apropiados en ciertas situaciones, pero no lo serán en otras. Cada situación de curación es diferente. Cada persona es diferente.

Para desarrollar su propia sensación de trabajar con color, primero considere qué le sucede a la persona con quien trabaja. Luego vea qué colores representan a ese estado o se relacionan con él. Céntrese en el cambio que quiera introducir, utilice el color que representa ese cambio. Vamos a poner un ejemplo para esclarecer esto. Supongamos que la persona tiene fiebre. Cierre los ojos y céntrese por un momento. ¿Cómo siente la fiebre en su cuerpo? ¿Cómo siente el color? ¿Qué aparece en su imaginación? Elija el primer color que aparezca espontáneamente en su mente. No utilice la mente racional: utilice su guía interior. ¿Qué colores aparecen? Rojo. sí, fuego intenso. Ahora, imagine que la fiebre desapareció. ¿Cómo lo siente? Sereno: frío. ¿Qué color acude a su mente? Azul, o a veces verde. Luego coja su piedra y canalice esa luz azul o verde hacia la zona de la fiebre. Recuerde que para canalizar el color puede emplear un cristal transparente con visualización, o usar la piedra del color real. A veces también puede rodearse a la persona con amatistas durante toda la curación. O utilizar una luz transparente para energizar. Básicamente, ésta es la manera de trabajar con el color. Sólo es cuestión de hacerlo una y otra vez, y de obtener retroalimentación de los resultados. Dos días más tarde, pregunte a la persona cómo se siente. Para más información, remítase al apartado sobre color y piedras de colores.

Meditación de curación

El siguiente es un método de curación que utiliza la visualización con cristales, que puede aplicar a usted o a otros. Escúchelo en una cinta magnetofónica o haga que alguien se lo lea en voz alta mientras usted lo escucha y sigue sus indicaciones.

EL SENDERO DEL CRISTAL

Siéntese en una posición erguida. Coloque un cristal de cuarzo natural delante de usted, en un lugar en que pueda verlo. O sostenga el cristal en su mano izquierda y proceda a escrutarlo. Si no tiene con usted un cristal de cuarzo, puede imaginar uno. Cierre los ojos e imagine un cristal. Escrute el cristal de cuarzo y encuentre un lugar que parezca interesarle y mientras escruta, acérquese un poco más a ese lugar, mírelo más de cerca. ¿Qué aspecto tiene? Mírelo desde más cerca... concéntrese realmente en ese lugar... observe cada uno de sus detalles, por pequeño que sea... escoja un detalle y analícelo minuciosamente... obsérvelo... mientras lo observa, parece que se acerca más y más... más cerca... más cerca... más cerca... sus ojos se cierran mientras se acerca más y de repente está rodeado por las paredes del cristal de cuarzo.

Encima de usted se halla la punta del cristal. Usted se encuentra sentado en la base del cristal. Sienta la base del cristal debajo de usted. ¿Cómo siente la temperatura en el interior del cristal? ¿Qué aspecto tiene? Observe que la luz es muy transparente en el cristal. Percibe una vibración a su alrededor. Muy rápida, uniforme, protectora, vibrante.

Ahora comience a aspirar y espirar con respiraciones profundas y prolongadas. Aspire llenando sus pulmones, aspire... y espire, vaciando sus pulmones por completo. Continúe aspirando... espirando... aspirando... espirando... Ahora mientras respira, desde la zona de su corazón observa una luz verde. Y mientras respira, observa que cada vez que aspira la luz se hace más fuerte y más fuerte... Al espirar, la luz se mantiene estable. Aspire: extienda la luz: espire... continúe respirando y mientras respira la luz verde colma toda la zona que rodea a su corazón. Aspire... y espire... Ahora observe la zona en torno a su garganta... mientras la mira comienza a brillar con una luz turquesa... con muchísimo brillo, el color·del cielo... turquesa. Aspira... Espira. Mientras respira, ese color turquesa también se hace más brillante, más brillante, se extiende más... hasta que toda la zona alrededor de su garganta queda bañada por esa luz turquesa. Ahora considere la zona entre las cejas, en el centro de la frente. Cuando mira, ve el color azul regio oscuro. Utilizando la respiración, aspira y espira... aspira y espira... aspira y espira... y la zona en el centro de la frente se vuelve de un azul regio oscuro más y más brillante, más brillante, más brillante. Ahora observe la zona sobre la parte superior de la cabeza. Al mirar hacia arriba, ve una luz violeta. Aspira con respiraciones profundas y prolongadas, y espira para hacer vibrar a esa luz violeta. Extiende esa luz más y más. La extiende hacia arriba desde la parte superior de la cabeza hasta donde puede ver. La luz violeta. Deje que la luz se vierta en torno a sus lados, y delante y detrás de usted hasta quedar rodeado de luz violeta. Completamente rodeado. Por una luz fría, violeta. Relájese en la luz. Disfrute su fulgor. Su sensación. Advierta la serenidad. La paz. El violeta resulta muy curativo. Suave. Agradable. Fuerte. Violeta.

Ahora observe los contornos de su cuerpo, la piel... que parece separarle de la luz violeta que está fuera. Mientras observa la luz violeta que parece separada de su cuerpo, comienza a atraerla hacia usted... su curación... encuentre alguna zona en su cuerpo físico que necesite curación y atraiga la luz violeta hacia ella, lavándola, limpiándola, nada de dolor, nada de resistencia, agradable... suave... colmada de violeta... todas las zonas de su cuerpo físico que requieren limpieza. Luego continúa llenando todo su cuerpo con la luz curativa violeta. Mientras comienza a sentirse apacible, contento... contempla todas las emociones que pueda haber asociado con alguna enfermedad, alguna circunstancia... y observa esas emociones que parecen ser particularmente dolorosas. Ahora deje que la luz violeta lave su corazón... su cabeza... todo su cuerpo... calmándole... hasta que usted se relaja. Disfrute el violeta. El púrpura. El amatista. La luz violeta.

Ahora observe cómo se siente. Observe cómo parece vibrar con el violeta. Hay vibraciones en todo su cuerpo. Ahora observe el entorno que le rodea. ¿Cómo lo siente? ¿Está en armonía con la vibración violeta que tiene dentro de usted? Observe toda zona en el entorno que le rodea que parezca fuera de armonía y de equilibrio en relación con usted. Colme esas zonas de luz violeta. Colme todo el entorno a su alrededor con la luz violeta hasta estar en armonía. No hay ninguna diferencia entre la vibración, la sensación, la totalidad, la paz dentro de usted y en la zona que le rodea.

Relájese en medio del ambiente que le rodea. Observe cómo se siente más contento, más apacible, y gozoso. Relájese. Ahora extienda el violeta a su alrededor, fuera de usted. Extienda ese violeta hasta donde pueda ver delante de usted hacia el lado derecho. Extiéndalo más detrás de usted... extiéndalo más en el lado izquierdo... a todo su alrededor, a todos los lados... el entorno es completamente violeta. Ahora extienda el violeta debajo de usted. Más, más, hasta donde pueda ver debajo de usted y sentir debajo de usted es violeta. Curación de la amatista. Y encima de usted, contemple el violeta encima de su cabeza.

Extiéndalo. Hágalo vibrar más hacia arriba. Hasta donde puede ver encima de usted, todo es violeta. Amatista. Todo a su alrededor es sereno, apacible. Curado. Completamente curado. Disfrute la sensación de totalidad. Relajación completa. Gozo.

Ahora, mientras mira a su alrededor y visualiza el violeta hasta donde puede ver en todas las direcciones, comienza a volver a atraer el violeta más cerca... más cerca. Mientras atrae el violeta más cerca, observa que todo a su alrededor sigue pareciendo violeta. Pero siente deseos de seguir atrayendo. Más cerca. Hasta que no advierte límites a su alrededor. La piel de su cuerpo. Sienta la piel de su cuerpo. Observe la presión debajo de usted, el suelo debajo de usted. La sensación del suelo debajo de usted. Sienta su solidez.

Ahora observe su respiración. Aspire... llenando sus pulmones... mantenga la respiración... y espire, vaciando los pulmones por completo. Aspire... llene los pulmones... espire, vacíe los pulmones. Continúe respirando, sienta su respiración. Y mientras siente su respiración, ve las facetas del cristal dentro del cual está sentado. Mira a su alrededor y ve las facetas del cristal de cuarzo en cuyo interior se halla sentado. Luego observa que el entorno a su alrededor es todo de cristal, de un blanco resplandeciente. Luz transparente, vibración elevada, energizante. Cristal de cuarzo transparente. Mientras permanece sentado, mira delante de usted y ve que se abre una puerta, invitándole a salir. Visualícese caminando hacia la puerta y salga. Ahora dése vuelta y aléjese del cristal de cuarzo. La puerta se cierra. Obsérvela cerrarse mientras se aleja más. Se aleja más. El cristal parece encogerse e ir hacia usted. Hasta que usted lo coge en su mano izquierda. O recuerda que está colocado delante de usted. Ahora visualice al cristal de cuarzo delante de usted o en su mano izquierda. Visualícelo. Si está sosteniendo el cristal de cuarzo, siéntalo. Muévalo en su mano y compruebe cómo lo siente. Ahora abra los ojos. Si tiene un cristal de cuarzo delante de usted... examínelo. Si tiene el cristal de cuarzo en su mano izquierda, mírelo. Escrute el cristal. Ahora observe cómo se siente. Sereno. Apacible. Contento. Curado.

La iniciación a la curación y otras consideraciones

Ahora que se han descrito algunos métodos de curación, ¿cómo se empieza a ponerlos en práctica? Lo primero que debe hacerse es comenzar a utilizar sus cristales para usted mismo. Trabaje con su familia, sus animales domésticos e incluso con sus plantas. Empiece observando lo que hay a su alrededor en su entorno inmediato. ¿Hay armonía y equilibrio? Si es así, observe cuáles son los factores que lo generan. Sea sincero en sus observaciones. Si no hay armonía, ¿qué es lo genera esa falta de equilibrio? ¿Qué puede hacer con sus cristales para restaurar el equilibrio? Si trabaja primero con usted, con su familia y con su entorno hogareño inmediato, no sólo aprenderá de su experiencia real, sino que creará en usted y en su entorno una base sólida de vitalidad, salud, armonía y sabiduría que sustente su labor. Entonces tendrá verdaderamente algo para ofrecer a los demás. Cuanto más trabaje con usted, la gente que le rodea lo notará y le preguntará si puede hacer lo mismo con ella. Le aportará cierta presencia, así como resultados que podrán verse. Cuando trabaje con otros y obtenga resultados, sus aptitudes para la curación y su voluntad de servir a los demás serán conocidas por más personas a través de la difusión oral.

Deberá tener valor para realizar trabajo de curación con cristales. Aun cuando sea capaz de entender que es el espíritu quien trabaja a través de usted y que lo hará según deba hacerlo, los demás cifran en usted expectativas muy diferentes. En general, cuando la gente acude a usted, espera ver ciertos resultados y es probable que no reaccione favorablemente si no los ve. Toda vez que efectúa este trabajo debe abrirse al flujo curativo que pasa a través de usted y por ello puede llegar a sentirse vulnera-

219

ble. Podría sentir como si se pusiese en una situación de riesgo. Sin embargo, cuando esté centrado, verá que no es así. Usted sigue siendo quien es, con independencia de las proyecciones que los demás hagan sobre su persona. No se ha perdido ni ganado nada. Pero a veces sigue pareciendo arriesgado abrirse, ser vulnerable y realizar el trabajo curativo. Debe jugarse. Eso es lo que sucede cuando se canaliza. Se requiere cierta dosis de valor para seguir adelante y arriesgarse.

Cuando se trabaja con personas, ayuda comunicarse claramente con ellas antes de efectuar cualquier tarea curativa. Explíqueles que usted se ofrece a actuar como un canal y que la curación puede parecer algo diferente a lo que ellas esperaban. No prometa algo que en última instancia no podrá controlar. Ofrézcase a intentarlo y ver qué sucede. Ello contribuye a ponerlo en perspectiva para los demás y les ayuda a estar más abiertos a la curación. A veces, si su enfoque sugiere a los demás que no pueden curarse, esto les incapacita, cuando en realidad usted quiere capacitarles con la curación. Cuando están incapacitados, no se hallan en condiciones de realizar aquello que hace más poderosa a la curación: participar con usted en el proceso. Por lo tanto, es bueno recordar que usted no es más que el canal y comunicarlo a la otra persona.

Otra cosa que puede surgir como una interferencia en el trabajo curativo con cristales es la duda. Tiene que estar dispuesto a superarla, seguir adelante y efectuar la curación. Existen muchas manifestaciones de duda, por lo que debe ser consciente de ellas cuando le asalten y mostrarse capaz de superarlas. Todo sanador parece enfrentarse a la duda en un momento u otro. Algunos sanadores pasan por esto cada vez que intentan una curación. Una vez que comienza a trabajar y la energía empieza a fluir a través de su cuerpo, se vuelve más consciente y la duda desaparece. Esto es similar al miedo escénico. Justo antes de salir a escena, el miedo es lo peor. Luego, mientras se está en el escenario y se actúa, el miedo desaparece.

Otra cosa que puede surgir es el temor. Podría ser temor a estar haciendo algo malo, a estar demasiado «abstraído» en ese estado meditativo, a no estar seguro de lo que sucede, a provocar risas o a un «ataque» físico. Comprenda que si se pone en manos del espíritu para que le utilice, está siendo guiado. Y también está siendo protegido. El problema es que no consigo poner el énfasis suficiente en esta cuestión.

Hay algunas cosas que pueden hacerse como protección básica, si siente necesidad de ello. Una es rodearse con un óvalo de luz dorada e imaginar que si se interpone en su camino alguna negatividad, se estrellará contra el borde de esta luz dorada o será desviada de su contorno.

La otra técnica es rodear desde su corazón todo objeto que provoca temor con una luz rosada o, a veces, con un verde tenue. Rodee cualquier temor con una energía afectuosa. Eso protegerá al objeto.

A veces puede absorber negatividad a través de su corazón, a veces en la zona de su ombligo. Si lleva un cristal sobre esos centros, ello provoca un efecto de espejo, enviando la negatividad de regreso al lugar del cual procede. No obstante, cuanto más abierto está su corazón, menos tendrá que vérselas con el miedo y la duda.

El trabajo de curación con cristales canaliza inmensas cantidades de energía a través de su cuerpo y, a veces, a través del cuerpo de la persona que está siendo curada. En muchas ocasiones, usted no se da cuenta de ello. A veces esto tiene ciertos efectos molestos sobre su cuerpo físico, que pueden interferir con su trabajo. Por ejemplo, en algunas ocasiones su cuerpo o el de la persona con quien está trabajando se pondrá muy frío. En ese caso, quizá desee tener un pequeño calentador en la habitación en que se encuentre. Asimismo, quizá desee cubrir a la otra persona con una manta y usted ponerse un suéter. Es muy común que los cuerpos se enfríen mientras se trabaja, por lo que debe tener a mano la manta y el suéter.

Otros síntomas que pueden presentarse, en particular si su sistema nervioso es débil, son «estremecimientos», tensión en los hombros y en la mandíbula, castañeteo de los dientes y un desagradable sabor metálico en la boca. En casos extremos, todo su cuerpo puede ponerse a temblar. Su sistema nervioso puede ser demasiado débil para la energía que pasa a través de su cuerpo. Un remedio rápido es una llave floja y, a veces, de todo el cuello. Eso abre los canales superiores y permite que la energía ascienda y salga hacia afuera. Para generar una llave de cuello, mire hacia adelante con la cabeza erguida. Luego baje la barbilla unos tres centímetros y lleve la cabeza hacia atrás unos tres centímetros, sin dejarla caer hacia adelante. Al hacer esto se siente como si la parte trasera del cuello se alargase. En otras ocasiones, en lugar de estremecerse se sentirá mareado. La llave de cuello también funciona bien para el mareo. Todo esto también es un indicio de que es hora de desbloquear los canales cerrados, fortalecer el sistema nervioso y, posiblemente, descansar.

A menudo, cuando comience a realizar su trabajo de curación con cristales y empiece a experimentar resultados, inmediatamente querrá curar a todo el mundo. ¡No lo haga! *Cure sólo si se lo piden*. Si no espera a que se lo pidan, no sólo puede ganarse el enojo o la enemistad de la persona, sino también conseguir que se aleje de toda curación. En general, si alguien quiere ser curado lo solicita. Usted no tiene derecho a interferir en la vida de nadie. De todos modos, es probable que la persona no esté abierta a la curación. Si la persona no está abierta o si se opone activamente a usted, su curación no tendrá resultados, lo cual puede llevarle a un estado de confusión y duda. Esto, a su vez, afectará adversamente durante un tiempo a todo trabajo futuro de curación con cristales que realice.

Esta regla de no curar a menos que se lo pidan tiene otra parte. Puede curar cuando le autorizan a hacerlo. A veces podrá oír claramente a través del guía interior, de Dios, del espíritu o como lo llame, indicaciones en el sentido de trabajar con una persona determinada. En general, si trabaja con la persona sin que ésta se lo haya pedido y si trabaja con ella porque tiene permiso para hacerlo, no lo hace abiertamente como en los tres primeros métodos. Así como oyó de una manera sutil, trabaja de una manera sutil. Trabaja con la visualización. Con este método puede curar a distancia. (Por supuesto, también puede curar a distancia si se le ha pedido directamente que realice una curación pàra alguien que está lejos de usted.)

Con el objeto de efectuar una curación a la distancia, en primer lugar visualice a la persona. Véala claramente en su imaginación y trabaje con ella como si estuviese con usted. En los planos en que está trabajando ahora, el tiempo y la distancia carecen de importancia. Este tipo de trabajo requiere más concentración que cuando la persona se halla físicamente con usted. En este tipo de curación, se trabaja en planos más sutiles. No necesita particularmente entender el funcionamiento de esos planos; simplemente, mantenga su visualización y su centro de atención.

La persona a quien está curando no necesita saber; no necesita creer que la curación funciona, ni estar particularmente abierta a ella. Por consiguiente, cure sólo cuando se lo hayan pedido o cuando tenga permiso para hacerlo. De lo contrario, sus acciones se volverán contra usted de un modo tal, que deseará no haberlas realizado. Cuando trata de curar sin autorización o sin que se lo pidan, está actuando a partir de sus deseos, desde su ego, más que en respuesta a los espíritus que se hallan dentro de usted. Ésta es una regla difícil de seguir a veces, porque mientras efectúa el trabajo de curación con cristales su corazón llega a estar tan abierto, que usted comienza a ver todo el sufrimiento y ansía ayudar. Pero es prudente entender que a veces no hay que inmiscuirse en las cosas.

Cuando haga este trabajo, necesita regenerarse constantemente. No puede estar continuamente «en marcha» consumiendo energía. Debe crear un círculo de energía que también le «realimente». Para hacer esto, primero debe crear las condiciones y hacer las cosas que sirvan para alimentarle y regenerarle. Entonces, cuando esté suficientemente «cargado», puede volver a iniciar su trabajo curativo. Ya sea ajustándose a un programa prefijado o advirtiendo los primeros signos de agotamiento, vuelva a nutrirse y recargarse. Si no lo hace, resultará seriamente debilitado y finalmente no estará en condiciones de trabajar. Por esta razón, es importante *aprender a decir no*. No trabaje cuando no resulte adecuado o no sea el momento apropiado para hacerlo. No trabaje cuando esté cansado. Arregle una cita para más adelante. Por encima de todo, sea sincero con usted y muéstrese sensible. Cuando trabaje, piense en un círculo energético, a través del cual la energía fluye hacia la persona con la que trabaja y vuelve hacia usted. Debe cuidarse. Al negarse a trabajar con alguien, no está siendo egoísta.

Algo que distingue a un buen sanador es que sabe cuándo decir no. Es mejor ser directo y sincero con la gente rehusándose a trabajar con ella, recordando que sigue estando en condiciones de ayudar. Perciba intuitivamente qué hace falta para curar a la persona. Luego, trate de guiarla hacia dónde debería ir o en dirección a lo que podría hacer. Puede sugerir una técnica simple para ayudarle a relajarse y sentirse mejor. Esto no supone un gasto significativo de energía. Entonar AAA desde el fondo del corazón es un ejercicio excelente para enseñar a la gente. Resulta muy tranquilizador y le ayudará a ver por sí mismo lo que debería hacer luego. Esto la capacita. Muchas veces, una enfermedad es un mensaje claro para que la persona empiece a escucharse. Puesto que toda la información que se requiere ya está dentro de cada uno de nosotros, en algún nivel todos sabemos qué es lo que debemos hacer. Sólo tenemos que sacar a la luz la información que se requiere. Pruebe a enseñar a la gente a hacer cosas para sí misma, más que llegar a depender de usted, teniendo que volver siempre en busca de «una cura». Eduque a la gente. Ayúdela a ser más sensible ante sí misma y más responsable en su cuidado. Actúe con delicadeza. No trate de decirle más de lo que puede «oír». Cada vez que alguien acuda a usted, enséñele un poco más.

La compasión

Lo que suele suceder cuando efectúa trabajo de curación con cristales y su corazón llega a estar más abierto, es que comienza a sentir el sufrimiento en el mundo que le rodea, así como en aquellos con quienes trabaja. Cuando este nivel de conciencia se expande, puede empezar a sentirlo física y emocionalmente. Puede experimentarlo como su propio sufrimiento personal, sintiéndose embargado y angustiado por el sufrimiento. Puede sentir que es demasiado para poder soportarlo, que no hay ninguna manera de ayudar o de hacer lo suficiente. Al llegar a ese punto, sepa que hay una razón para todo. Hay bondad en todo, por terrible que parezca.

Puede alcanzar otra visión del sufrimiento concentrándose en el punto de su tercer ojo y observando esas situaciones plenas de sufrimiento o a quienes sufren. Vea el sufrimiento mientras se aloja en el punto del tercer ojo y ganará sabiduría al respecto. Con una parte de su sabiduría puede hablar, con otra es mejor permanecer en silencio, pero esto siempre contribuye a darle perspectiva. Mientras gana sabiduría y realiza el trabajo de curación con cristales o cualquier otro de naturaleza metafísica, experi-

tal de cuarzo rodeándole. Mientras escruta las paredes, imagine una puerta delante de usted. En su imaginación, atraviese la puerta y salga. Mientras se aleja más del cristal, vea que la puerta desaparece y el cristal se encoge a su tamaño natural. Vea al cristal suspendido delante de sus ojos. Sienta la superficie sobre la que está sentado. Cuando se sienta como ella, abra los ojos. Permanezca sentado unos minutos y conéctese con la tierra antes de levantarse.

Mientras medita más y más sobre su propia muerte, o si tiene alguna experiencia de sueño consciente, astral o extracorporal, sepa que estar muriéndose no es tan malo. En realidad, puede ser maravilloso. Pero lo que puede resultar difícil es el proceso de la agonía. Puede dar miedo y resultar doloroso. Una vez que está muerto, está bien. Desarrolla una sensación de ligereza al respecto. De hecho, ser capaz de comunicar esa sensación de ligereza acerca de la muerte mientras sigue siendo consciente de la gravedad al respecto ayudará inmensamente a la persona agonizante. Sea sensible ante la persona. Algunos individuos no están preparados para que se les diga directamente que están agonizando. Si ése es el caso, en su labor curativa, trabaje con sus síntomas e igualmente en un nivel más profundo, en forma sutil. Enséñeles a estar centrados, a serenar sus mentes y a estar atados a sus pensamientos y emociones. Ayúdeles a tener experiencia de sus otros cuerpos sutiles para aflojar sus ataduras con el cuerpo físico. Enseñe esto también a la persona a quien puede decirle directamente que está muriéndose. Trabaje con sueños. Todas estas técnicas se describieron en anteriores capítulos de este libro. Cuando la persona pasa por sus diversas experiencias en el camino hacia el tránsito, esté allí con ella. Esté dispuesto a compartir sus experiencias, como haría en cualquier curación efectiva con cristales. Sea sincero con ella. Contribuya a que este tiempo de curación sea de crecimiento, de autoconciencia, de apertura y de entrega para ambos, usted y la persona. Si está dispuesto, esté con ella en el momento de su muerte. Ayúdela a mantener su estado de serenidad, de aceptación, de autoconciencia. Respire con ella. Esté verdaderamente con ella, de yo a yo, en el momento de su tránsito. Siéntese y esté con quien se halla allí, con su yo, con su alma después de que haya dejado su cuerpo. Siéntese en el espacio con su cuerpo y, cuando sea apropiado, márchese. Envíele bendiciones; deséele lo mejor.

Si le apetece, puede cantar para ella un mantra antiguo. Ayuda enviar su alma rápidamente hacia los reinos superiores de los planos sutiles. Puede cantar esto usted mismo o hacerlo junto con un grupo de personas. Después de cantar esto, límpiense de cualquier atadura que puedan tener ambos. Esto le permite seguir rápidamente su camino. Límpiese con cualquier método que utilizaría para limpiar un cristal. Es bueno quemar salvia o cedro, como hacen los indios americanos. Límpiese, limpie la habitación o el espacio en el cual murió la persona, y los cristales u otras herramientas que haya usado. Si lo desea, puede cargar un cristal especial para la persona muerta, que pondrá sobre un altar o a la intemperie, en plena naturaleza. Si no sabe con qué programar el cristal, pruebe una de las sugerencias siguientes:

1. Mantenga firmemente a la persona en su mente mientras sostiene un cristal de cuarzo transparente o una amatista. Mientras lo hace, cante un mantra en el cristal que le ayudará a pasar a los planos sutiles más elevados y envíelo a través de cualquier nivel astral inferior. Los mantras que se recomiendan son OM, RAMA o SAT NAM. Después de cantar, puede colocar el cristal sobre un dibujo del símbolo del mantra, o envolver el cristal en él.

2. Disponga de una imagen de un ser sagrado o dibújela. Concéntrese en la persona que murió mientras sostiene un cristal de cuarzo transparente o una amatista. Pregunte a ese ser sagrado si acompañaría y guiaría a la persona fallecida a través de los reinos póstumos. Si siente una respuesta interior afirmativa, coloque el cristal sobre el retrato del ser sagrado. Mientras hace esto, permanezca continuamente centrado en la persona fallecida.

Después de haber hecho estas cosas, libérese de la persona emocional, mental y psíquicamente. Su trabajo curativo está hecho. A veces llegará a oír intuitivamente que debería continuar trabajando con la persona después de su muerte. En ese caso, escuche a su voz interior. Oirá qué es lo que debe hacer. Será guiado. Con las personas fuera de su cuerpo puede utilizar sus cristales y cualquier técnica que emplea con aquéllas presentes en su forma física, siempre y cuando las visualice claramente. Escuche con claridad cada día para saber cuándo es hora de detenerse. Luego libere.

Mantra para ayudar en su camino a los seres en tránsito
(Para personas, animales o plantas)

De pie o sentado, cierre los ojos mientras se concentra en el centro de su tercer ojo o de su corazón. Mantenga las manos en actitud de plegaria y presiónelas con firmeza contra el centro de su corazón.

Cante de tres a cinco veces lentamente (unos siete segundos cada vez):

AKAL...AKAL...AKAL...AKAL...AKAL

Mientras lo hace, rápidamente cogerá el ritmo correcto.

Sólo necesita hacer esto durante un día; no obstante, puede hacerlo tantos días como desee.

Cuando muere
usted no va a ningún lugar...
sigue aquí.

5. Notas adicionales

Ataduras

En la realización del trabajo con cristales existen inevitablemente barreras a través de las cuales tiene que pasar. Como se ha mencionado en este libro, toda vez que no puede concentrarse, no puede desprenderse de pensamientos y emociones, o no puede oír a su guía interior, está bloqueado para efectuar un trabajo efectivo con cristales. Otra barrera para el trabajo efectivo con cristales es cuando su cuerpo no es lo bastante sano o fuerte para canalizar a través de él la energía incrementada. En este libro se indican métodos para sobrepasar esas barreras más obvias. Hay otra barrera importante que debe vigilar constantemente en usted y sobrepasar tantas veces como aparezca con sus numerosos disfraces. Es mucho más difícil detectarla en usted, porque es mucho más sutil. ¿Cuál es esta barrera? Esta barrera la constituyen las ataduras.

Usted está sometido a una atadura cuando se centra en ideas falsas acerca de quién es realmente y luego trata de mantenerlas. Puesto que aquello en lo que está centrado es realmente una ilusión, y por lo tanto efímero, siempre se sentirá inseguro. Cuando se sienta inseguro, tratará de recuperar su sensación de seguridad. Puesto que está centrado en una imagen ilusoria de quién es, (o no es), tratará de mantener esa seguridad a través de medios falsos. Llegará a estar atado a esos medios falsos que, para su mente, parecen ser capaces de garantizar su seguridad. *El resultado de esta forma de atadura es siempre alguna forma de sufrimiento.*

En otras palabras, si no está centrado en quién es realmente, tenderá a definirse en términos de lo que hace, de lo que piensa, de lo que siente, de lo que tiene o de lo que le gustaría parecer. Todas estas cosas cambian constantemente, por mucho que se esfuerce por mantener su permanencia. Su cuerpo envejece. Sus pensamientos y emociones pueden cambiar. Puede ser incapaz de hacer algo que hizo antes. Nunca es lo bastante capaz de ser el mejor en algo, siempre parece haber alguien mejor. Nunca parece tener bastante, etc. Parece sentir siempre que algo le falta o no marcha bien. A menudo, ni siquiera es consciente de que siente de este modo. Es sólo un trasfondo sutil que afecta a todos sus pensamientos, emociones y acciones. Llega a estar sometido al orgullo, la ira, la codicia, los celos y otras manifestaciones del ego limitado.

¿Cuál es el resultado de las ataduras y cómo se convierten en una barrera para un trabajo con cristales más efectivo? El miedo es un resultado de estas ataduras. Usted teme estar equivocado. Siempre debe estar acertado. ¿Qué pasa si su curación con cristales no funciona? Cuando siente miedo, se vuelve orgulloso. Siente que debe lograr más y más, y que tiene que ser el mejor trabajador con cristales. Se vuelve competitivo y cierra su corazón. Llega a estar demasiado atado al deseo de ser un trabajador con cristales.

¿Cómo puede estar abierto a los demás y ser sensible a ellos? ¿Cómo puede abrirse lo necesario para cambiar cualquier método de trabajo con cristales a fin de que sea más apropiado para cada momento único? Finalmente llega a estar tan preocupado por usted mismo (por su yo falso), que su preocupación básica no es realmente por nadie con quien está trabajando, sino secretamente la de mantener determinada imagen de usted. Cuando está atado a una idea falsa de usted, es incapaz de oír completamente la verdad que reside en su interior y de seguir completamente la guía que le da. Hasta que pueda hacer eso, su trabajo con cristales sólo será efectivo parcialmente, o no lo será en absoluto. En la medida en que permanezca atado, sus centros superiores no podrán abrirse a estar disponibles a usted en el trabajo con cristales. Cuando sus chakras superiores están cerrados, no es capaz de ser sensible a los planos sutiles más elevados o de permanecer consciente ante ellos.

Nuevamente, su trabajo con cristales se verá limitado en su eficacia. Cuando permanezca atado a una idea ilusoria acerca de quien es usted, no experimentará satisfacción verdadera ni goce profundo. El mejor trabajo con cristales se efectúa a partir de esta plenitud interior.

Es muy fácil quedar atrapado en las ataduras mientras hace su trabajo con cristales u otro trabajo metafísico. Este proceso es sumamente sutil. Esté atento a los signos de orgullo, ira, codicia y otras manifestaciones semejantes. Sea sincero, no se juzgue y muéstrese dispuesto a cambiar. Para ayudar también a aliviar este problema, puede montar a su alrededor un sistema de gente sincera que le avisará, sin juzgarle, cuando piense que se ha descarriado. Estas personas pueden ser amigos íntimos o maestros. Considere el modo en que se define. ¿Se define por lo que hace? ¿O por su mente? ¿Está dispuesto a liberarse de su antigua autodefinición y descubrir qué hay verdaderamente allí? Romper las diversas ataduras requiere valor. ¿Tiene esta clase de valor y compromiso ante usted mismo y respecto del trabajo con cristales que está realizando? La siguiente es una buena meditación a efectuar para trabajar con ataduras.

MÉTODO PARA TRABAJAR CON LAS ATADURAS

1. Rodéese de un campo de cristal: un círculo, un triángulo doble o cualquier forma geométrica centrada.
2. Céntrese y serene su mente.
3. A continuación, concéntrese en esto: ¿Está dispuesto a no ser nada? ¿A no hacer nada? ¿A no ser nada especial o algo en particular? Limítese a permanecer sentado.
4. Visualícese sin hacer nada y sin tener ninguna importancia en particular. No es ni bueno, ni malo. Limítese a permanecer sentado.
5. Visualícese sentado, mientras la vida y los acontecimientos pasan de largo. Limítese a permanecer sentado. Libérese de la necesidad de tener que hacer algo.
6. Sienta cómo es eso de no hacer nada y de no ser nada. Si realiza este proceso con resolución, concentración y visualización, experimentará muchas emociones y sentimientos.

   ¿Cómo se siente? ¿Se siente amenazado? ¿Siente la pérdida de ser algo importante? ¿Qué pasa si nadie sabía que usted era inteligente? ¿Qué pasa si no vivió en ningún lugar especial y no hizo gran cosa? ¿Cómo se siente? Cuando aparezca cada emoción, pensamiento o imagen mental, experiméntela por completo y luego libérese de ella. Continúe el proceso.

7. Después de haber hecho esto durante al menos 11 minutos, coja un cristal de cuarzo de gran tamaño e imagínese en ese estado de inactividad total. Disfrútelo. Regodéese en su deleite. Si no siente ningún placer en ese estado, fínjalo.

8. Mientras se imagina en ese estado de no hacer nada y no ser nada, preste atención a cualquier pensamiento o sentimiento que surja para apartarlo de él. Cuando surjan esos pensamientos o sentimientos, aspire y espire soplándolos hacia el cristal al exhalar. Continúe haciendo esto. Sea consciente de todo pensamiento o emoción que le haga sentirse carente de armonía, tenso o inquieto, y sóplelo hacia el cristal.

9. Luego, cuando considere que es hora de detenerse o que ha completado este proceso, coja el cristal y límpielo o entiérrelo en la tierra durante tres días.

10. Limpie los cristales que había dispuesto a su alrededor y luego guárdelos. Limpie su entorno. Conéctese con la tierra y límpiese.

Éste es un proceso excelente por el que conviene pasar, porque al hacerlo llegará a conocer sus ataduras. Haga este proceso durante al menos 30 días, o tanto tiempo como desee. Una vez que sepa a qué está atado, puede observarlo surgir una y otra vez en su vida cotidiana. En cada ocasión, observe la atadura y vea si puede librarse de ella en cuanto aparezca. No se juzgue. No es una persona mala o inferior por eso. Si surge un juicio crítico, líbrese también de él. Mientras efectúa esto, también puede considerar la pregunta: «¿QUIÉN SOY?»

*El estrés es el resultado
de las ataduras.
Si no hay ataduras... no hay estrés.*

Conclusión... Lo mejor está por llegar

Si hace los ejercicios incluidos en este libro hasta experimentar su efecto, desarrollará la aptitud de ser un maestro del trabajo con cristales.

En el proceso, puede advertir que se le abren otras aptitudes que le habrían parecido imposibles. Podría desarrollar la aptitud de saber con exactitud lo que alguien piensa o siente. Podría ser capaz de meterse en el pasado o en el futuro, ver colores y auras sutiles, oír sonidos sutiles, hacer viajes astrales y experimentar diversas formas de percepción extrasensorial. Si utiliza éstas y otras aptitudes fantásticas en provecho de su propio ego personal, las perderá y sufrirá por ello.

Lo que advierte después de experimentar estos ejercicios y de realizar su labor con cristales es que este trabajo, y cualquier otro de carácter metafísico, es infinito en sí mismo. Con usted sucede otra cosa que es mucho más importante. Parece estar desarrollando una conciencia y un modo de ser nuevos. Pierde los límites dentro de los cuales se encorsetó antes. Parece experimentar un estado de expansión infinita. Comienza a vivir en un estado de existencia que se prolonga sin ningún principio ni fin. Permanezca vivo en esta conciencia, ya sea despierto, dormido o fuera de su cuerpo. Está facultado y empieza a vivir en el conocimiento de usted mismo. Todo le resulta posible, siempre que esté en armonía con su voz interior, su voz intuitiva. El trabajo con cristales sólo intensifica estas experiencias. Experimente esa libertad interna ilimitada que parece brotar de su corazón. Sea feliz.

*Cree su propio
universo.*

Puedes ser feliz

Puede el goce de la libertad perfecta
impregnar el fondo
de tu alma,

y la radiante serenidad
puede ser tuya.

La levedad de espíritu
puede ser tu don,

mientras sigues a la visión de la Verdad
con valor ejemplar.

Uma Silbey

Índice

238

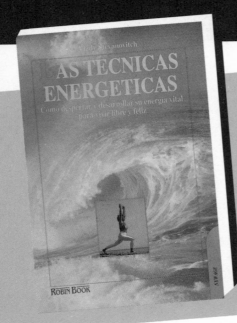
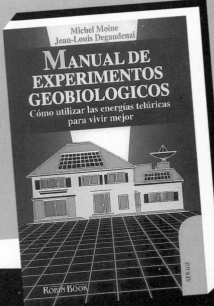